염불, 모든 것을 이루는 힘

원영 굉오 저 · 각산 정원규 편역

勸修念佛法門

염불, 모든 것을 이루는 힘

… 차 례

● 추천사 • 10

염불법문이 열린 까닭 ·· 17
　　　　　부처님의 지견(佛知見)을 깨닫는 길 • 18
　　　　　아미타경에 나타난 극락정토 • 20
　　　　　정토에 왕생하는 세 가지 자량 • 22
　　　　　깊은 믿음(深信)의 자량 • 23
　　　　　간절한 발원(切願)의 자량 • 25
　　　　　진실한 수행(實行)의 자량 • 32

염불은 진실한 수행법 ·· 35
　　　　　번뇌를 제거하는 수행 • 36
　　　　　모든 덕을 갖춘 부처님 명호 • 39

염불은 가장 온당한 수행법 ·· 42
　　　　　자력과 타력을 모두 갖춘 염불 • 43

염불은 뛰어난 방편법 .. 46
　　　어떤 사람이든 닦을 수 있다 • 46
　　　대업왕생(帶業往生)할 수 있다 • 56
　　　불퇴(不退)의 지위에 오르게 한다 • 62

업장을 소멸시키는 수행 .. 68

염불로 복의 과보를 구하지 말라 .. 76
　　　태어나는 고통 • 78
　　　늙는 고통 • 78
　　　병드는 고통 • 80
　　　죽는 고통 • 81
　　　사랑하는 사람과 이별하는 고통 • 83
　　　미워하는 사람과 만나는 고통 • 84
　　　구하여도 얻지 못하는 고통 • 85
　　　오음이 치성하는 고통 • 86

번뇌를 끊어 제거하는 염불 ·· 90
아집번뇌 · 91
법집번뇌 · 93
아가타 약과 같은 염불 · 95
참된 즐거움을 구하여 탐욕을 제거하다 · 96

생사윤회에서 빨리 벗어나는 길 ·· 102
수행하기 가장 좋은 인간세상 · 103
종(縱)으로 벗어나기는 어렵지만 · 104
횡(橫)으로 뛰어넘기는 쉬우니 · 106
임종시에 정념(正念)을 유지하라 · 108

계정혜 삼학을 모두 갖춘 염불 ·· 111
실상염불(實相念佛) · 111
관상염불(觀想念佛) · 113
관상염불(觀像念佛) · 115
지명염불(持名念佛) · 116

반드시 채식을 하라 • 119
마음을 거두어 업을 정화한다 • 124
한결같은 마음으로 염불하여 선정에 든다 • 126
번뇌와 망상을 제거한다 • 130

모든 근기의 중생을 거두는 염불 ·· 133
출가수행자 • 134
여인 • 137
총명한 사람 • 138
어리석은 사람 • 139
부귀한 사람 • 141
가난한 사람 • 142
나이 든 사람 • 142
젊은 사람 • 144
자녀가 있는 사람 • 145
자녀가 없는 사람 • 146

염불은 모든 중생을 제도하는 대승법문 ·· 147

염불은 참된 보살행을 하는 대승법문이다 • 152
부처님의 은혜를 갚는다 • 154
부모님의 은혜를 갚는다 • 155
스승의 은혜를 갚는다 • 156
중생의 은혜를 갚는다 • 157

불도佛道를 이루게 하는 염불 ·· 162

정토 왕생은 진실하다 • 165
극락 정토는 실재한다 • 170
부처님을 뵙는다는 뜻 • 172

(부록) 염불영험기 ·· 176

염불로 목숨을 건지고 광명을 비추다 • 178
부처님의 광명이 몸을 보호하다 • 182
죽음의 액난에서 벗어나다 • 186

원귀를 물리치다 • 189
귀신이 물러가고 병이 낫다 • 191
고양이의 원한을 풀다 • 194
지옥의 괴수를 물리치다 • 199
임종시 원귀를 물리치고 왕생하다 • 202
숙세의 원혼을 제도하다 • 205
전생에 도살한 소의 영혼을 제도하다 • 209
어느 비구스님의 전생 기억 • 214

● 원영 대사에 대하여 • 224
● 편역자의 말 • 231

추 ● 천 ● 사

정토법문(淨土法門)은 두루 상·중·하 세 근기로 하여금 위로는 불도(佛道)를 이루게 하며 아래로는 중생을 제도하는 처음과 마지막의 묘도(妙道)를 이루게 한다. 아미타 부처님의 서원은 구계(九界)의 모든 중생을 도와서 고통의 사바세계를 빠져나와 문득 서방정토의 연화대에 이르게 한다.

　　마음으로 부처를 이루게 하는 이 훌륭한 법은 부처님께서 일생 동안 설하신 가르침 가운데 부처님의 힘을 의지하는 특별한 법문이다. 또한 이 법문은 일체의 대승과 소승, 권교(權敎)와 실교(實敎)의 여러 가지 자력법문과 같이 비교할 수 없는 것이다.

　　내가 지금까지 살아오면서 세상사에 그리 밝지는 않았다. 그러나 조금 총명하다고 알려진 이는 자신의 지혜를 과신하여 정토법문을 닦으려 하지 않고, 오히려 정토 수행자를 업신여기며 어리석다고 생각한다.

　　그러나 정토법문은 우리 중생들이 생사를 벗어나고 범부에서 성인의 흐름에 들게 하는 큰 이익을 주는 것이다. 자신의 지혜만 믿는 어리석은 이는 이러한 이익을 얻으려고 하지 않으니 참으로 슬픈 일이다. 정토법문은 그 위대함이 끝이 없고 또한 부처님의 모든 가르침의 원천이요, 들어가는 법문이다.

그러므로 모든 법문 가운데 법계에서 흘러나오지 않는 것이 없으며, 법계로 돌아가지 않는 것이 없다. 만약 세 가지 미혹이 이미 청정해졌고 네 가지 덕을 원만히 증득하였다면 닦지 않아도 된다. 그러나 만약 아직 이러한 경지에 이르지 못하였다면 연화장(蓮華藏) 세계의 중생을 따라 십주(十住), 십행(十行), 십회향(十廻向), 십지(十地), 등각(等覺) 보살의 반열과 함께 수행하라. 그리하여 십대원왕(十大願王)의 불가사의한 공덕으로 회향하고 서방극락세계에 왕생하여 속히 불과(佛果)를 원만히 증득할 것을 발원해야 한다.

이러한 사람을 큰 지혜를 갖춘 대장부라 할 수 있으며, 능히 세간과 출세간의 일을 마칠 수 있다. 그리하여 중생을 위하여 몸을 바꾸어 현신하여 정토법문을 널리 알리고, 불과(佛果)를 증득한 뒤에는 관세음보살이나 보현보살이 되어 모든 중생과 함께 불도를 이룰 것을 발원해야 한다.

　　나는 비록 50여 년을 출가수행자로 살았으나 숙세에 지은 업장이 두터워 이룬 것이 없다. 일체 제법에 아는 것이 없고, 늘 염불하였지만 업이 무거운 까닭에 마음이 부처님과 상응하지 못하였다.

　　그러나 부처님을 믿지만 허망한 원(願)은 바라지 않으며, 아미타 부처님께서 나를 버리지 않는 까닭으로 서방정토에 대한 뜻과 원은 누구도 바꿀 수 없다.

　　근래에 들어 원영(圓瑛) 법사가 여러 경전을 강연하면서 틈틈이 시간을 내어 염불수행을 권하는 글을 지었다고 편지를 보내왔다. 더불어 그 글을 널리 유통하고자 하니 서문을 지어달라 부탁하였다. 내가 늙어 눈이 좋이 않고 필묵(筆墨)을 놓은 지 오래되었다. 그러나 염불법문을 제창하는 이를 얻은 것이 얼마나 다행인가. 모름지기 이 큰 뜻을 받아들여 책임을 다하고자 한다.

　　　　　　　　　　　　영암산(靈岩山)에서 석인광(釋印光) 1939년

염불, 모든 것을 이루는 힘

- 염불법문이 열린 까닭
- 염불은 진실한 수행법
- 염불은 가장 온당한 수행법
- 염불은 뛰어난 방편법
- 업장을 소멸시키는 수행
- 염불로 복의 과보를 구하지 말라

- 번뇌를 끊어 제거하는 염불
- 생사윤회에서 빨리 벗어나는 길
- 계정혜 삼학을 모두 갖춘 염불
- 모든 근기의 중생을 거두는 염불
- 염불은 모든 중생을 제도하는 대승법문
- 불도佛道를 이루게 하는 염불

염불법문이 열린 까닭

주굉(株宏) 연지(蓮池) 대사가 말하길 "3아승지 겁을 뛰어넘는 것은 일념(一念)에 있고, 팔만사천 경문을 요약하면 몇 마디 말이다. 지극하여라. 그 오묘함을 생각으로 헤아릴 수 없는 것은 오직 『불설아미타경(佛說阿彌陀經)』뿐이구나!"라고 하였다.

『불설아미타경』이 바로 지명염불(持名念佛)을 일으킨 인연이다. 석가모니 부처님께서 중생을 관해 보니 모두가 본래 부처이며, 부처의 지견(知見)을 가지고 있으나, 무명에 덮이고 망상에 가려져 스스로 깨닫지 못하고 있을 뿐이었다. 비록 깨닫지 못한 중생이지만 모두 불성(佛性)을 갖추고 있는 것이 마치 보물이 집안에 묻혀있고, 보배 구슬이 옷 속에 감춰진 것과 같아서 한 번도 잃은 적이 없다. 그런 이유로 석가모니 부처님께서 염불법문을 여시어 중생이 발심 염불하여 본래부터 갖추고 있던 부처의 지견[佛知見]을 깨닫게 하셨다.

부처님의 지견[佛知見]을 깨닫는 길

부처님께서는 오직 하나의 큰 인연(一大事因緣)을 위하여 세상에 출현하셨다. 『법화경』「방편품」에서 부처님께서 사리불에게 말씀하셨다.

"사리불이여, 어찌하여 제불세존은 오직 하나의 큰 인연(一大事因緣)을 위하여 세상에 출현하신다 하는가? 제불세존은 중생으로 하여금 부처님의 지견[佛知見]을 열어(開) 청정하게 하기 위한 까닭이며, 중생에게 부처님의 지견을 열어 보이려고(示) 하는 까닭이며, 중생으로 하여금 부처님의 지견을 깨닫게(悟) 하려고 하는 까닭이며, 중생으로 하여금 부처님의 지견으로 들어가기(入) 위한 까닭으로 세상에 출현한다."

부처님의 지견은 즉 모든 부처님의 네 가지 지혜[四智]와 중생에게 비밀히 감춰져(秘藏) 있는 세 가지 덕[三德]을 깨달은 것이다. 모든 부처님은 이것을 깨달아 등정각(等正覺)을 이루었으나, 중생은 이를 깨닫지 못하여 윤회한다. 깨닫지 못함과 깨달음이 비록 다르지만, 중생과 부처는 본래 평등하다. 『금강경』에 이르기를 "이 법은 평등하여 높고 낮음이 없다(是法平等 無有高下)."고 하였다. 즉 이것은 중생이 본래 갖추고 있는 부처의 지견을 가리키는 것으로 모든 여래와 더불어 둘이 아니며 차별이 없는 것이다.

　　지견(知見)은 근본 성품이라 말할 수 있다. 근본 성품은 곧 불성이다. 이 성품은 항상 육근(六根)의 입구에 있으면서 육근이 움직이는 자리를 비춘다. 성품이 눈에 있으면 보는 것이고, 귀에 있으면 듣는 것이고, 코에 있으면 냄새 맡는 것이고, 혀에 있으면 맛 보는 것이며, 몸에 있으면 감촉을 느끼는 것이며, 마음에 있으면 인식대상을 알아차리는 것이다. 이 가운데서 의근(意根)과 안근(眼根)을 대표로 들어 지견(知見)이라 한 것이다.

　　여섯 가지 성품은 오직 하나의 성품인 것이다.『능엄경』에서 말씀하신 바와 같이, 원래 하나인 밝은 정기가 나뉘어 여섯 가지로 화합한 것이다. 부처님의 앎(佛知)은 참된 앎(知)으로서 알지 못하는 것이 없으며, 부처님의 봄(佛見)은 참된 봄(見)으로서 보지 못하는 것이 없다. 그러나 중생은 망상과 집착 때문에 거짓되게 알고 거짓되게 보는 것이다. 이것은 진실로 덕 높은 옛 스님의 말씀과 같다.

　　　한 조각 흰 구름이 골짜기에 걸려 있으니,
　　　몇 마리 새들이 돌아갈 둥지를 찾지 못하는구나.
　　　一片白雲橫谷口 幾多歸鳥盡迷巢

●

　　망령된 것은 자성(自性)이 없으며, 모든 것이 참됨을 마땅히 알아야 한다. 부처님은 중생을 위하여 이것을 열어 보이고 깨달아 들어가게 하신 것이다. 마치 집안에 묻혀있는 보물은 본래 집안에 있는 보물이며, 옷 속의 보배 구슬은 당장 구하지 않아도 저절로 얻게 되는 것과 같다.
　　석가모니 부처님께서 염불법문(念佛法門)을 여신 뜻은 눈·귀·코·혀·몸·마음의 여섯 감각기관을 거두어 청정한 염(念)이 계속 이어지도록 하신 것이다. 아미타 부처님의 명호를 칭념하여 경계가 고요하며 마음이 공한 경지에 이르면, 불성은 저절로 드러나고 부처님의 지견을 깨달아 들어가서 마침내 자성미타(自性彌陀)를 친견하게 된다. 그리하여 마침내 세상에 나온 큰 인연을 이루게 되는 것이다.

아미타경에 나타난 극락정토

　　　　　　　　　염불법문은 정토법문(淨土法門)이라 한다. 또 다른 말로는 연종(蓮宗)이나 정종(淨宗)이라고 하기도 한다. 석가모니 부처님께서 지극한 자비심으로 중생의 근기를 관찰하여 가르침을 베푸신 것이다. 오직 염불수행법만이 중생을 가장 쉽게 제도할 수 있기 때문에, 무문자설(無問自說) 즉 어느 누구도 질문하지 않았지만 부처님께서 스스로 설법하신 것이 바로 이 『불설아미타경』이다.

석가모니 부처님께서 다른 보살이나 제자의 물음을 빌리지 않으시고, 직접 사리불에게 말씀하셨다. "여기에서 서쪽으로 10만 억 불국토를 지나면 한 세계가 있는데 그 이름을 극락(極樂)이라 한다. 그 세계에 아미타 부처님이 계시어 지금 현재 설법하고 계신다."

이와 같이 직접 극락세계의 의보(依報)와 아미타 부처님의 정보(正報)를 말씀하셨는데, 이것이 염불 수행법이 나온 큰 근원이며, 친히 제창하신 묘법(妙法)이다. 상·중·하 모든 근기의 중생이 육도(六道)를 모두 초월할 수 있으니 그 이익이 불가사의하다.

부처님께서 극락이라는 이름을 『아미타경』에서 직접 이렇게 설명하셨다. "사리불이여, 그 국토를 어찌하여 극락(極樂)이라 부르는지 아는가? 그 나라의 사람들은 오직 즐거움 속에서 살 뿐, 아무런 고통이 없기 때문에 극락이라 한다."

그리고 이어서 서방 극락 정토의 의보(依報)와 정보(正報)를 널리 설명하셨는데, 갖가지 장엄이 중생의 믿음을 불러일으키기에 충분하다.

●

　　그리고 이 장엄한 극락에 왕생하기를 원하는 중생은 마땅히 발원할 것을 권하셨다. 『아미타경』에 이르시기를 "사리불이여, 이 법문을 듣는 중생들은 마땅히 발원하여 그 국토에 왕생하기를 원해야 한다. 무엇 때문인가? 이와 같은 최고의 아비발치 보살들과 함께 할 수 있기 때문이다."라고 하셨다.

　　그 다음으로 부처님의 명호를 집지(執持)하여 일심불란(一心不亂)할 것을 권하셨다. 이것이 바로 염불 수행의 올바른 방법이다.

　　경에 이르기를 "사리불이여, 만약 선남자와 선여인이 아미타불에 대한 설법을 듣고 그 명호를 굳게 지니어(執持名號) 하루나 이틀이나 혹은 사흘, 나흘, 닷새, 엿새 혹은 이레 동안을 두고 한결같은 마음으로 흐트러지지 않으면(一心不亂), 그 사람은 임종시에 아미타 부처님과 여러 성중들이 그 앞에 나타나며, 이 사람은 끝내 마음이 뒤바뀌지 않고, 즉시 아미타 부처님의 극락세계에 왕생하게 된다."고 하였다.

정토에 왕생하는 세 가지 자량

　　　　　　　　　　지금까지 살펴본 것과 같이 『아미타경』은 부처님이 설하신 바를 믿고 발원하며 수행할 것을 권하는 법문이다. 부처님께서는 믿음(信)과 발원(願), 수행(行)의 세 가지를 정토왕생의 자량으로 삼았다. 세 가지 자량을 구족하면 반드시 구품연대(九品蓮臺)의 극락세계에 오를 수 있다. 극락왕생을 하고 못하고는 믿음과 발원에 달려있고, 품위의 높고 낮음은 수행의 깊이에 달려있다. 믿음과 발원, 수행은 마치 세 발 달린 솥의 발과 같아서 하나라도 빠뜨리면 안 된다.

나는 항상 이 세 가지 자량에 바탕하여 정토법문 수행을 할 것을 권하고 있다. 또한 여기에 한 글자씩 더하여 설명한다. 믿음은 반드시 깊은 믿음(深信)이어야 하고, 발원은 반드시 간절한 발원(切願)이어야 하며, 수행은 반드시 진실한 수행[實行]이어야 한다. 이와 같은 과보를 지으면 분명히 정토에 왕생하게 될 것이다.

깊은 믿음(深信)의 자량

깊은 믿음(深信)은 대략 네 가지 종류로 나눌 수 있다.

첫째는 석가모니 부처님을 믿는 것이다. 석가모니 부처님은 세 가지 깨달음(三覺)이 원만하고 네 가지 지혜[四智]가 크게 밝으시어 중생의 근기를 살펴 가르침을 베푸셨다. 이 염불법문은 말세 중생의 근기에 맞는 가르침으로서 결코 말씀에 그릇됨이 있을 수 없다.

둘째는 서방극락세계를 믿는 것이다. 아미타여래께서 인행(因行)시에 비심(悲心)으로 큰 원을 발하여 행을 닦아 공덕을 장엄하여 성취하신 것으로 결코 이 극락정토는 상상의 세계가 아니다.

셋째는 육방제불(六方諸佛)을 믿는 것이다. 육방제불께서 광장설상(廣長舌相)으로 정토법문을 찬탄하신 것은 불가사의한 공덕이다. 또한 역대 성현이 정토법문을 널리 드높이신 것은 여러 수행 가운데서 가장 빠른 수행법이기 때문이다. 천 가지 경전과 만 가지 논서로 곳곳에서 정토법문을 열었지만, 모두 진실한 말씀이며 결코 사람을 속이는 것이 아니다.

넷째로는 사바세계의 탁하고 악함을 믿는 것이다. 사바세계의 탁하고 악함은 중생의 악업이 초래한 세계이며, 극락세계의 청정은 중생의 청정한 업이 성취한 것이다. 염불은 몸과 입과 마음으로 지은 세 가지 업을 청정하게 하는 것이다. 세 가지 업이 청정해지면 정토에 왕생하는 것은 인과에 서로 부합하는 것으로 결정코 허망하지 않음을 믿어라.

이와 같이 네 가지 믿음을 갖추면 설령 어떤 사람이 염불보다 뛰어난 법문이 있다고 권하더라도, 나는 끝내 바꾸지 않고 여전히 염불법문을 믿을 것이다. 그래야 깊은 믿음(深信)이라 할 수 있다.

간절한 발원(切願)의 자량

간절한 발원(切願)은 대략 네 가지로 나눌 수 있다.

첫째는 자신의 신령함을 저버리지 않기를 발원하는 것이다. 자신의 신령함이란 곧 내가 본래 갖추고 있는 신령스러운 깨달음의 성품이다. 이 성품은 불성으로 모든 중생이 다 갖추고 있는 것이다. 그런데 번뇌와 업장에 얽혀 생사고해에서 윤회하고 있는 것이다. 다행히 현생에 사람으로 태어나 아미타 부처님의 명호와 그 본원 공덕에 대해 들을 수 있었다. 그러니 깊은 믿음을 내어 이 몸이 다하도록 염불하여 정토에 왕생하여 생사에서 벗어나고 마침내 성불할 것을 발원하라. 이것이 자신의 신령함을 저버리지 않는 것이다.

●

　　둘째는 고통을 떠나고 즐거움 얻기를 발원하는 것이다. 우리는 자신이 지은 업에 따라 과보를 받아서 사바세계 오탁악세에 태어나 온갖 고통 속에서 살고 있다. 세 가지 고통[三苦]과 여덟 가지 고통[八苦]을 비롯하여 이루 헤아릴 수 없다. 이제 사바와 극락 두 세계를 서로 비교해 보면, 좋아하고 싫어하는 마음이 저절로 나타날 것이다. 사바세계에는 크게 세 가지의 고통이 있다.

　　1. 고고(苦苦)가 있다. ― 지옥·아귀·축생·수라·인간의 오취(五趣) 중생이 나고 죽는 몸을 받은 것 자체가 이미 고통이다. 여기에 더하여 다시 온갖 고통을 받기 때문에 고고(苦苦)라 한다.
　　2. 괴고(壞苦)가 있다. ― 육욕천(六欲天)에서 삼선천(三禪天)까지 비록 즐거움을 받지만 그 즐거움은 오래 가지 못하고 끝내 무너져버리기 때문에 괴고(壞苦)라고 한다.
　　3. 행고(行苦)가 있다. ― 사선천(四禪天) 이상은 고통이 없지만, 생사에서 벗어나지 못한다. 천상의 과보가 다하면 다시 낮은 세계로 떨어지는 것을 면하기 어려우므로 행고(行苦)라고 한다.

　　그러나 극락세계의 중생은 항상 몸과 마음이 안락하므로 고고가 없고, 의보와 정보가 장엄하므로 괴고(壞苦)가 없고, 열반

삼매의 즐거움을 항상 받으므로 행고가 없다.

또한 사바세계에는 여덟 가지의 고통이 있다. 태어나는 고통, 늙는 고통, 병드는 고통, 죽는 고통, 사랑하는 사람과 헤어지는 고통, 미워하는 사람과 만나는 고통, 구하여도 얻지 못하는 고통, 오음이 치성한 고통이 그것이다.

그러나 극락세계의 중생은 연꽃에 화생(化生)하는 즐거움은 있고 모태에서 태어나는 고통은 없다. 그 얼굴과 몸이 광명으로 빛나는 즐거움은 있고 늙고 쇠약해지는 고통은 없다. 늘 자유롭고 안락한 즐거움은 있고 괴로운 질병의 고통은 없다. 수명이 무량한 즐거움은 있고 사대(四大)가 분리되어 죽는 고통은 없다. 극락의 많은 성인들이 서로 모이는 즐거움은 있고 사랑하는 사람과 헤어지는 고통과 미워하는 사람과 만나는 고통은 없다. 뜻하는 바가 마음대로 되는 즐거움은 있고 구해도 얻지 못하는 고통은 없다. 오온이 모두 공한 즐거움은 있고 오음이 치성한 고통은 없다.

이와 같이 두 세계는 더러움과 깨끗함, 괴로움과 즐거움이 현저하게 다르다. 그러므로 정토에 왕생하여 고통을 떠나고 즐거움 얻기를 간절히 발원하여야 한다.

셋째로 불퇴(不退)의 경지에 빨리 오르기를 발원하는 것이다. 이 세계의 수행은 진보하기 어렵고 물러나기 쉽다. 모든 환경이 열악하여 도를 장애하는 인연은 많으나 도를 돕는 인연은 적다. 처음에는 열심히 하지만 나중에는 게을러지고, 또는 가는 길을 바꾸고 방법을 바꾸게 된다. 비록 열심히 수행했지만 이루지 못하고 죽음을 맞이하여 내생에서는 전생에 닦은 수행을 잊고 악업을 지어서 악도에 떨어지게 된다.

이와 같아서 사바세계에서 수행하기가 매우 어렵다. 십신위(十信位)의 보살이 비록 큰 마음을 발하지만, 진보하기도 하고 뒤로 물러나기도 하는 것이 마치 공중에 떠 있는 깃털이 바람 부는 대로 오르락내리락하는 것과 같다. 보살이 1만 겁 동안 수행하여야 신심이 만족하고 선근이 성숙하여 비로소 초주(初住)에 올라 불퇴(不退)의 지위를 얻게 된다. 그러나 염불법문으로 극락정토에 왕생하기만 하면 문득 세 가지 불퇴[住不退, 行不退, 念不退]를 원만히 증득하게 된다. 『아미타경』에 이르기를 "극락세계에 왕생하는 중생은 모두 아비발치(阿鞞跋致: 불퇴)"라고 하였다. 그러므로 반드시 정토왕생을 구하여 불퇴의 지위에 오를 것을 간절히 발원해야 한다.

넷째로 아미타불을 친견하기를 발원해야 한다.

부처님이 세상에 나오시는 것을 만나기는 매우 어렵다. 마치 우담바라 꽃이 3천 년에 한 번씩 피는 것과 같다. 옛 사람이 이르기를 "부처님이 세상에 계실 때는 내가 악도에 빠져있고, 내가 사람 몸을 얻으면 부처님은 멸도하신다. 이 몸이 업장이 많아 여래의 금빛 나는 몸(金色身)을 보지 못하는 것을 참회한다." 라고 하였다.

내가 말세에 태어나서 석가여래는 이미 가시고 미륵 부처님은 아직 오지 않으셨다. 아무리 부처님을 뵙고 불법을 듣고자 하여도 이루기 어려운 일이다. 마치 의지할 곳 없는 고아가 되어 자애로운 손길을 받지 못하여 위태롭고 불쌍한 모양과 같다. 그러나 극락세계에서 지금 설법하고 계신 아미타 부처님의 자애로움은 마치 어버이가 자식을 생각하는 것과 같다. 그러므로 염불하여 정토에 왕생하여 아미타 부처님을 친견하기를 간절히 발원해야 한다.

설령 몇 겁이 지난다 하여도 이 발원을 바꾸지 않으며, 임종할 때 제석천이 나를 도리천에 태어나게 하거나 대범천왕이 나를 초선천에 태어나게 한다고 할지라도 결코 그리로 가지 않을 것이다. 하물며 다른 곳은 말할 것도 없다. 또한 서방극락정토에 왕생하기를 발원할 뿐만 아니라, 금대(金臺)를 타고 상품상생(上品上生)에 나기를 발원해야 한다. 빨리 부처님을 친견하고 무생법인(無生法忍)을 증득할 것을 서원해야 한다.

당나라 시대에 회옥(懷玉) 대사가 40여 년을 일심으로 염불 정진하였다. 어느 날 하늘에서 아름다운 음악이 들리면서 아미타 부처님께서 한 손에 은으로 만든 연화대[銀臺]를 들고 내려오셨다. 이것을 본 회옥 대사는 '내가 일생 동안 정진하며 그 뜻을 금대에 두었는데, 이제 겨우 은대가 오다니, 가지 않겠다.'고 생각하였다. 대사의 마음을 안 부처님께서도 억지로 권하지 않고 몸을 돌려 서쪽으로 되돌아가셨다.

이후 회옥 대사는 더욱 열심히 정진하였다. 21일이 지난 뒤, 다시 수많은 불보살이 허공에 가득하고 아미타 부처님께서 금으로 만든 연화대[金臺]를 들고 다시 영접하러 오셨다. 이것을 본 회옥 대사는 "마침내 내 원이 이루어졌다."고 하고는 합장 염불하면서 서방 정토에 왕생하였다. 이 때 공중에서 백 천 가지 음악이 동시에 울려 퍼졌다.

회옥 대사를 흠모하던 그 지방의 태수가 다음과 같은 글을 지어 올렸다.

"나의 스승이 일념으로 초지(初地)에 오르니, 불국토의 음악이 두 번이나 들렸구나. 오직 문 앞의 오랜 회화나무 가지가 낮아 금대에 걸렸네."

이것은 바로 연종(蓮宗: 정토종)의 2조 광명(光明) 선도(善導) 대사께서 말씀하신 것과 같다. "네가 염(念)하는 바와 같이 너의 소원도 이루어진다."는 말씀이 이것이다.

발원의 위력은 참으로 불가사의하다. 서방극락세계의 갖가지 장엄은 전부 아미타 부처님의 원력으로 이루어진 것이다. 만약 염불수행을 하면서, 믿음은 있지만 발원이 없다면 그 믿음은 헛된 것이 된다. 그러므로 믿는 마음을 낸 뒤에는 반드시 발원을 해야 한다.

『화엄경』「보현행원품(普賢行願品)」에 이르기를 10가지 큰 원으로 극락에 돌아가라고 하였다. 또한 보현보살은 "원컨대 내가 임종할 때에 모든 장애를 없애고, 아미타불을 친견하고 극락세계에 왕생하기를 원합니다(願我臨欲命終時 盡除一切諸障碍 面見彼佛 阿彌陀 卽得往生安樂刹)."라고 발원하였다. 무릇 정토법문을 받아지닌 사람은 간절한 원을 세워야 한다.

진실한 수행[實行]의 자량

　　　　　　진실한 수행[實行]은 아미타 부처님의 명호를 마음에 굳게 지니는 것(執持)이다. 정토 수행의 근본은 진실함에 있다. 비록 믿음과 발원이 있더라도 진실한 수행이 없으면 극락정토에 왕생하지 못한다. 과일의 씨앗을 보고 이 씨앗이 반드시 열매를 맺는다고 믿고 또 열매 맺기를 간절히 원한다고 할지라도, 땅에 심고 물을 주며 가꾸고 키우지 않으면 아무리 오랜 세월이 지나도 열매를 얻을 수 없는 것과 같다. 이와 같이 염불 수행에서는 믿음과 발원, 수행 가운데 어느 하나라도 모자라서는 안 된다.

　염불 수행에는 사행(事行)과 이행(理行)의 두 가지 종류가 있다.

　사행염불은 염하는 마음으로서 염하는 대상인 부처를 염하는 것이다. 염할 때 주관과 객관이 분명하면 마음과 부처가 서로 상응하게 된다. 곧 마음이 부처를 떠나지 않고 부처가 마음을 떠나지 않는 것이다. 깨어있을 때나 잠들었을 때나 끊어지지 않고 염불을 이어가고, 앉고 서고 걷는 모든 일상에서 늘 부처님 명호를 지니고 있으면, 일체 모든 망상이 가라앉는다. 마음은 고요한 호수의 물과 같고, 부처님은 가을 밝은 달처럼 비추어 담연히 움직이지 않는 것과 같다. 이렇게 되면, 사행염불로 삼매를 이룬 것이다.

　이행염불은 중도(中道)의 이치를 밝히는 것이다. 염불 수행을 하고 염불법문을 들어 의심 없는 깊은 믿음이 있으며, 오로지 극락왕생을 발원하며 일념으로 염불한다. 유념(有念)에도 머물지 않고 무념(無念)에 떨어지지도 않으며, 일심(一心)의 체(體)를 궁구하여 염하는 마음 밖에 염하는 대상인 부처는 없으며, 염해지는 부처 외에 부처를 염하는 마음은 없다.

　주관과 객관이 따로 없고, 마음과 부처가 하나이니 마음이 곧 부처요, 부처가 곧 마음이다. 마음과 부처가 둘이 아니니, 있다고도 없다고도 할 수 없다.

　만약 있다고 말한다면 마음의 체는 본래 공적하니 부처도 또한 얻을 수 없다. 만약 없다고 말한다면 마음은 본래 신령스러워 어둡지 않으니 부처도 또한 분명하고 역력하다. 있고 없음을 구별하지 않아야 실상으로 돌아간다.

　옛 성현이 말하길,

　　홀연히 미타를 염하는 마음을 일으키니
　　평지에 바람도 없이 저절로 파도가 일어나네.
　　생각생각이 사라져 무념처로 돌아가나

무념 또한 많은 생각임을 어찌 알리오.
忽然起念念彌陀 平地無風自作波
念念消歸無念處 豈知無念亦爲多

라고 하였다. 이것 또한 모두 사상(事相)을 닦지 않고 순수하게 이관(理觀)을 닦아 관(觀)의 힘을 성취하면, 마음과 부처가 비록 이름은 둘이지만 체(體)는 하나라는 것을 명백히 알게 된다. 자성미타를 친견하여 마음이 담적해지면 이행염불로 삼매를 이룬 것이다.

믿음과 발원 그리고 수행 정토에 왕생하는 세 가지 자량(資糧)이다. 자량이 준비되면 왕생이 어찌 어렵겠는가? 정토에 왕생하면 문득 삼계를 초월하며, 곧 생사를 벗어난다. 그러므로 석가여래께서 무문자설(無問自說)하신 것이다. 이것이 염불을 일으킨 인연이다.

염불은 진실한 수행법

어떤 사람이 수행을 하는지 안 하는지는 몸과 입과 마음으로 짓는 세 가지 업으로 분별할 수 있다. 만약 몸으로 악한 일을 행하고, 입으로 나쁜 말을 하고, 마음으로 나쁜 생각을 일으키면 그것은 수행하지 않는 것이다. 염불법문은 중생의 세 가지 업을 청정하게 하는 훌륭한 수행법이다. 이제 그것을 자세히 살펴보자.

어떤 사람이 염불법문을 듣고 나서 의심 없이 깊이 믿어서, 정토왕생을 발원하여 진실하게 일심으로 아미타 부처님의 명호를 염한다. 그때 명호 하나하나가 마음에서 일어나고 글자 하나하나가 입에서 염출(念出)되어 귀로 들어가면 염하는 것이 분명해진다. 한 구절이 이와 같고 구절구절마다 이와 같아서, 입으로 염하고 마음으로 염하여 마음과 입이 하나가 되고, 생각생각이 서로 이어져 끊어짐이 없으면, 마음속에는 오직 부처님만 있을 뿐 부처님 외에는 다른 마음이 없게 된다. 이렇게 일념으로 염불하면 모든 망념이 사라지게 된다. 망념이 그치면 의업(意業)이 청정하게 되므로 이것이 곧 의업 수행이다.

또한 입으로 부처님의 명호를 염할 뿐 다른 망령된 말은 하지 않는다. 옛 사람이 말하기를 "쓸데없는 말 한 마디를 적게 하면, 염불을 몇 마디 더 많이 한다."라고 하였다. 소리 소리마다 부처님의 명호를 떠나지 않으면 구업을 청정하게 하므로, 이것을 구업(口業) 수행이라 한다.

사람이 몸으로 짓는 업은 모두 마음이 시키는 것이다. 그러므로 마음이 생각을 일으키지 않으면 몸으로 업을 짓지 않는다. 염불 수행자가 일심으로 염불하면 육근이 모두 거두어지므로 신업(身業)이 청정하게 된다. 이것이 곧 신업 수행이다. 이렇게 세 가지 업을 모두 청정하게 하므로, 염불은 뛰어난 수행법이라는 것이 명백히 증명된다.

번뇌를 제거하는 수행

어떤 사람이 묻기를, "일생 동안 염불하여 극락세계에 왕생한다고 하는데, 이것은 어리석은 사람을 기만하는 말이다. 만약 고뇌로 가득 찬 세계를 떠나 안락한 세계에 도달하기를 바란다면 반드시 얻기 어려운 기묘한 법을 닦아야 한다. 단지 부처님의 명호만 염하는 것을 어떻게 진실한 수행이라고 말하는가?"라고 한다.

그러나 이러한 말은 실제로는 가장 사람을 그르치게 하는 것이다. 삼가 모두에게 권한다. 마땅히 심사숙고하여 이러한 말을 믿지 말아야 한다. 염불법문은 다른 어떤 사람이 아니라 석가여래께서 지극한 자비심으로 중생의 근기를 관찰하여 베푼 무문자설(無問自說)의 가르침이다. 부처님은 모든 덕을 완전하게 갖추신 지극히 존귀한 분으로 조금도 거짓을 말하지 않는데, 어떻게 우리들을 기만하시겠는가?

석가모니 부처님께서 중생을 관찰해 보니 망념이 그칠 줄 모르고 일어나는 것을 아셨다. 그래서 오로지 아미타 부처님의 명호를 염하게 하신 것이다. 이것은 생각으로 생각을 그치게 하는 방법이다. 마치 의사가 독으로 독을 제압하는 것과 같다. 중생의 본래 마음은 물과 같이 청정하고 고요한데, 온갖 망념이 흙먼지처럼 일어나 탁해진 것이다. 탁해진 물을 맑게 만들려고 하면 묽을 맑게 하는 구슬의 힘을 빌려야 한다. 한 마디의 부처님 명호는 물을 맑게 하는 구슬과 같고, 중생의 어지러운 마음은 탁

해진 물과 같다. 주굉(株宏) 연지(蓮池) 대사가 이르기를,

> 물 맑히는 구슬을 탁한 물에 던지면
> 탁한 물이 맑아지지 않을 수 없으며,
> 부처님 명호를 어지러운 마음에 넣으면
> 어지러운 마음이 부처가 안 될 수 없네.
> 淸珠投于濁水 濁水不得不淸
> 佛號納于亂心 亂心不得不佛

라고 하였다. 이와 같이 염불 수행법은 중생이 성불하게 하는 수행법인데, 어떻게 사람을 속이겠는가?

하루 24시간 동안 중생의 마음은 빛과 소리, 냄새, 맛, 촉감 등 갖가지 경계를 따라 생각을 일으킨다. 그때마다 집착과 탐욕심이 일어나 온갖 업을 짓는다. 지은 업에 따라 과보를 받아 나고 죽음을 반복하는 윤회에서 벗어나지 못한다.

마음은 소리든 빛이든 냄새든 바깥의 온갖 대상마다 미혹을 일으켜 업을 짓는다. 이 업이 바로 생사의 근원인 것이다. 석가모니 부처님께서 염불법문을 일으킨 이유가 여기에 있다. 마음을 오직 아미타 부처님의 성스러운 명호에 모으게 되면, 자연

히 바깥 경계를 생각하지 않고 분별심을 내지 않게 된다. 이것이 곧 번뇌를 뿌리부터 제거하는 유일한 방법인 것이다.

　다시 말하면, 눈으로 바깥의 형상을 볼 때 아미타 부처님의 명호를 염하면 그 바깥 형상의 좋고 나쁨을 분별하는 생각이 일어나지 않는 것이다. 귀나 코, 혀 그리고 몸이나 마음이 경계를 만났을 때도 마찬가지이다.

　『능엄경』에서 대세지보살이 말씀하기를 "여섯 가지 감각기관을 모두 거두어들여 청정한 생각을 계속 이어 삼매에 드는 법이 가장 뛰어나다(都攝六根 淨念相繼 入三摩提 斯爲第一)."라고 하신 것과 같다. 그러므로 염불이 어찌 수행법이 아니겠는가?

모든 덕을 갖춘 부처님 명호

　또 어떤 사람은 '염불 수행은 공덕이 없다'고 한다. 이것은 부처님의 명호에 모든 덕이 갖추어진 것을 모르고 하는 말이다. 부처님의 명호를 지니면 마음을 거둘 수 있으니 이것이 바로 수행하는 법이다.

　주굉(株宏) 연지(蓮池) 대사가 이르기를 "명호를 수지함이여, 온갖 덕을 함께 갖추었네. 모든 행 가운데에서 명호를 지니는 것보다 나은 것이 없네."라고 하였다. 이와 같은데 어떻게 공덕이 없다고 하겠는가?

『능엄경』에 따르면, 옛날에 석가모니 부처님께서 세상에 계실 때 출라판타카가 발심하여 출가했다. 그에게 게송을 하나 가르쳤는데, 100일이 지나도 다 외우지 못했다. 게송의 앞 구절을 외우면 뒷 구절은 잊어버리고, 뒷 구절을 외우면 앞 구절은 잊어버리는 것이었다. 그 게송은 이러했다.

입을 지키고 마음을 거두며 몸으로 범하지 않으며,
일체의 유정(有情)을 괴롭히지 않으며,
무익한 고통에서 멀리 떠나라.
이와 같이 수행하는 자는 도를 얻을 것이다.
守口攝意身莫犯 莫惱一切諸有情
無益之苦當遠離 如是行者得度世

이 게송은 부처님께서 제자들에게 하루에 세 차례 아침, 점심, 저녁마다 세 번씩 외우게 한 것이다. 제자들이 출가한 뜻을 잊지 말고 이 게송을 따라서 수행하도록 한 것이었다.

출라판타카는 우둔하여서 오랫동안 배웠지만 게송을 외우

지 못했다. 이것을 지켜보던 그의 형 마하판타카가 그를 환속시키려고 했다. 그러나 그는 기억력은 모자랐지만 도(道)를 구하는 마음은 자못 굳세어서 환속하지 않으려고 했다.

부처님께서 그를 가엾게 여기셔서 수식관(數息觀)을 닦게 하였다. 코에서 숨이 들어오고 나가는 것을 세어서 1부터 10까지 이르면 다시 1부터 헤아리게 하였다. 들이쉬는 숨을 헤아려 세면 내쉬는 숨은 세지 않고, 내쉬는 숨을 헤아려 세면 들이쉬는 숨은 세지 않는다. 들이쉬는 숨과 내쉬는 숨을 함께 세지는 않는다.

출라판타카는 이 가르침을 따라 안거에 들어 수행하였다. 숨이 들고 나는 모습을 미세하게 관하여 생주이멸(生住異滅)하며 변하는 것을 보았다. 이를 통해서 일체의 유위법 즉 모든 만들어진 것은 오직 찰나에 생하고 찰나에 멸함을 깨닫고 마음이 활연히 툭 트여 큰 무애(無碍)를 얻어 모든 번뇌가 다 사라지고 아라한과를 얻었다.

코로 드나드는 호흡은 당연히 부처님 명호에 미치지 못한다. 수식관을 해도 아라한과를 얻었는데, 하물며 세 가지 업을 청정하게 하고 육도윤회에서 벗어나게 하는 염불이 어떻게 바른 수행법이 아니라고 할 수 있겠는가?

염불은 가장 온당한 수행법

석가모니 부처님께서 45년 동안 법을 설하셨는데, 중생의 근기에 따라 설법하시어 여러 가지 수행문을 세우셨다. 모두 모으면 팔만 사천 가지 법문이 있는데, 문(門)마다 모두 도(道)에 들어갈 수 있다. 비유하면 모든 길이 서울로 통하는 것과 같다.

『능엄경』에서 이르기를 "근원으로 돌아가는 성품은 두 갈래 길이 없으나, 방편 따라 가는 길에는 여러 문이 있다(歸元性無二 方便有多門)."라고 한 것과 같다. 그러나 여러 문 가운데에서 가장 닦기 쉽고 적당한 것을 찾아보면 염불수행만한 것이 없다.

단지 여섯 글자 '나무아미타불'을 염하기만 하면 된다. 어떤 사람이든 한 번 가르치면 곧 따라 할 수 있다. 단지 입으로 부르고 마음으로 염하여 생각 생각이 계속 이어지면 곧 염불삼매를 얻을 수 있으니 참으로 닦기 쉬운 수행법이다.

만약 수행하기만 쉽고 공덕이 없다면 진실로 귀하지 않을 것이다. 그러나 염불수행은 깊은 믿음과 간절한 발원으로 왕생을 구하며 진실하게 염불하면 어려운 참구(參究)나 관상(觀想)을 하지 않아도 왕생하게 된다. 그러나 다른 수행법에 의지하게 되면 다만 자신의 힘에만 의지하는 것이다. 자신의 힘이 부족하면 길을 잘못 들 수도 있고, 도중에 마장이 생길 수도 있고, 수행을 성취하지 못할 수도 있다. 만약 세상의 인연이 다하여 떠났을 때 내생에 수행을 계속하지 않으면 전생에 닦은 공덕이 없어지는 것이니 참으로 위태로운 일이다.

자력과 타력을 모두 갖춘 염불

오직 염불수행만이 자력(自力)과 타력(他力)의 두 가지 힘을 모두 갖추었다. 자력은 곧 온 마음을 다하여 염불하는 마음의 힘이고, 타력은 아미타 부처님께서 인행(因行)하실 때 세운 마흔여덟 가지 큰 원력이다.

자력에 타력을 더하여 오직 진실하게 염불수행하면 정토에 왕생하지 않을 수가 없다. 오로지 한 구절 아미타 부처님을 일생동안 마음속에 굳게 지니면(持念), 늘 여러 부처님의 호념(護念)을 받고 또한 부처님의 광명이 비치게 된다. 한 마음으로 정토왕생을 구하면 저절로 바른 길에 들며, 도중에 마장이 생기지 않고, 내생에 잊어버리는 위태로움을 막을 수 있다.

염불 수행자는 임종에 이르게 되면 아미타 부처님께서 인행하실 때 세운 원에 따라서 직접 현신(現身)하여 영접하신다. 이것은 자력과 타력의 두 가지 힘이 한꺼번에 모여 일념에 성공을 거두므로 결정코 부처님을 친견하고 순식간에 극락세계에 왕생하는 것이다.

사바세계에 업을 벗어버리고, 고통으로 가득 찬 삼계를 횡으로 뛰어넘어 구품연대에 화생하여 불퇴지의 경지에 머물며, 무생법인(無生法忍)을 증득하게 된다. 그러므로 "염불로 수행함이 가장 타당하다."고 한 옛 성현의 말씀이 참으로 진실한 것이다.

요즘 세상 사람들은 모두 선종(禪宗)을 가장 뛰어난 수행법으로 받들고 있다. 선종은 돈교(頓敎)의 법문으로 문득 생사에서 벗어나고 문득 깨달음의 경지에 오르는 것이다. 이 말 또한 틀리지 않다. 그러나 지혜가 날카로운 상근기라야 한 번의 생에 이룰 수 있는 것이다. 만약 하근기라면 완전히 자신의 수행 본분을 끊는 것이다. 중근기인 경우에는 한 번의 생에 모두 이룰 수 없고, 죽어서 다시 태어나게 되면 전생에 한 공부를 많이 잃어버리기 때문에 도대체 온당하지 않은 것이다.

송나라의 초당(草堂) 청(靑) 선사는 선문(禪門)의 종장(宗匠)으로 일생 동안 정진하였다. 그는 말년에 이르러 어떤 재상이 나이가 들어 사직하고 굉장한 행차를 하며 고향으로 돌아오는 것을 보고는 부러워하는 마음을 내었다. 목숨을 마친 후에 증(曾) 씨 집안에 태어나 소년등과(少年登科)하여 벼슬이 재상에 이르렀다. 그러나 이것은 일생 동안 참선 수행한 선업을 한갓 세간의 공명과 바꾼 것이니, 어찌 슬프지 않겠는가? 재상의 목숨이 다한 뒤에 생사 속으로 오르고 내려감은 예측할 수 없다.

나장원(羅壯元)이 말하기를 "한 집안의 배부르고 따뜻함은 천(千) 집의 원한이며, 반세(半世)의 공명은 백세(百世)의 원한이로다(一家飽暖千家怨, 半世功名百世冤)."라고 하였다.

염불 수행자는 오직 믿음과 발원, 수행의 세 가지 자량(資糧)을 구족하기만 하면, 임종시에 자연히 부처님의 영접을 받아 극락정토에 왕생하여 영원히 윤회를 벗어버리고 해탈을 얻는다. 극락세계 연꽃 위에 화생하는 것이 마지막으로 태어나는 것이다. 수명은 무한하고 수많은 아비발치보살과 더불어 한 곳에서 자유자재로 수행하며, 자연히 성불하여 곧 무상보리(無上菩提)를 이루게 된다. 염불수행이 이와 같은데, 어떤 수행법이 이보다 더 나을 수 있겠는가?

염불은 뛰어난 방편법

부처님께서 말씀하신 무량한 수행의 문은 모두 중생의 근기에 따른 방편으로 모든 사람들에게 이익을 준다. 여러 방편 가운데에서 지명염불(持名念佛)보다 더 뛰어난 방편은 없다. 염불수행의 뛰어난 점을 대략적으로 살펴보자.

어떤 사람이든 닦을 수 있다

염불이 뛰어난 방편이 되는 첫 번째 이유는 "여러 근기를 두루 거두어 주기" 때문이다. 지혜로운 이나 어리석은 이나 모두 닦을 수 있으며, 출가수행자나 재가자도 모두 감당할 수 있다. 남자든 여자든, 귀하든 천하든 구별 없고, 절에서나 마을에서나, 바쁠 때나 한가할 때나 시간에 구애 없고, 앉아있을 때나 움직일 때나 언제든 염불할 수 있다. 다만 일심(一心)으로 염불할 뿐, 어떤 사람이든 누구나 모두 극락왕생하여 생사를 초월하고 영원히 윤회를 쉬게 된다.

어떤 사람은 "염불은 어리석은 사람이 할 수행이지, 지혜로운 사람이 수행할 필요가 있겠느냐?"고도 말한다. 내가 감히 묻겠는데, 문수보살과 보현보살보다 더 뛰어나고 지혜로운 사람이 있는가? 두 보살님도 모두 발원하여 정토왕생을 구하였다. 보현게(普賢偈)에 이르기를,

내가 임종할 때 일체 장애가 모두 사라지고,
아미타불을 친견하여 극락세계에 왕생하기를 원하옵니다.
願我臨欲命終時 盡除一切諸障碍
面見彼佛阿彌陀 卽得往生安樂刹

라고 하였다. 그리고 문수게(文殊偈)에서도 보현게와 마찬가지로,

내가 임종할 때 모든 장애가 없어지고
아미타불을 친견하여 극락세계 왕생을 원하옵니다.
愿我命終時 滅除諸障碍
面見阿彌陀 往生安樂刹

라고 하였다. 또한 아무리 지혜롭더라도 영명(永明) 대사나 연지(蓮池) 대사보다 뛰어나겠는가? 두 대사는 바다와 같이 깊은 지혜와 뛰어난 재주를 지녀서 고금에 널리 추앙받는 분으로, 온 마음을 다해 염불하며 힘써 정토법문을 폈으며, 저술하신 것이 많고 또한 세상에 널리 유포되어 있다.

이와 같은데도 내가 어떤 사람인데 어찌 염불을 할 수 있겠느냐고 말할 수 있겠는가? "총명한 이가 총명 때문에 잘못 된다."는 속담에 들어맞는 이가 이런 부류의 사람이다.

또 어떤 사람은 "염불은 출가 수행자의 일이지, 재가자는 염불할 필요가 없다."고 말한다. 이런 말은 부처님의 보살핌을 저버릴 뿐만 아니라 중생에게 큰 잘못을 짓는 것이다. 모든 부처님의 설법 가운데 널리 중생을 제도하지 않는 것이 없다.

부처님께서 설한 염불법문은 세 가지 근기의 사람들을 두루 이롭게 하며, 구계(九界)를 모두 뛰어넘는 것으로 곧 널리 중생을 제도하는 법이다. 그런데, 어떻게 출가 수행자만 제도하고 재가자는 제도하지 않겠느냐?

그러므로 남녀노소 구별 없이 발심하여 염불하면 모두 제도될 수 있다. 재가자들 가운데 일생 동안 염불하여 임종시에 상서로운 현상이 나타나고 서방 극락세계에 왕생한 이가 매우 많다.

또 어떤 사람은 "염불은 절에서 하거나 아니면 불상 앞에서 할 것이지 그 외에 마을의 집 같은 곳에서 할 수 없다."고 말한다. 이런 사람들은 염불법을 바르게 이해하지 못한 것이다. 마땅히 알아야 한다. 일상 생활을 하는 하루 24시간 가운데 용변 볼 때를 제외하고는 염불하지 못할 때와 장소는 없다.

반드시 생각생각이 서로 이어져야 바야흐로 염불공부가 바르게 숙달된 것이다. 또한 생각생각이 한 덩어리를 이루어야 하며, 잠자는 가운데서도 염불할 수 있어야 공부에 힘을 얻은 것이다. 공부의 결과가 이와 같으면 임종시에 바야흐로 일심이 되어 마음이 뒤바뀌지 않는다. 옛 시에 이르기를,

걸을 때 아미타불 염불하기 좋으며
한 걸음에 한 부처님 염하니
걸음마다 정토에 노닐고
생각마다 사바세계 떠나네.
꽃 구경 버들 구경에도 돌이키고
산과 물도 염불 막지 못하니
아미타불 극락세계에 왕생하며

시방세계를 오고감이 자유롭구나!
行時正好念彌陀 一步還隨一佛過
足下時時遊淨土 心頭念念離娑婆
傍華隨柳須回顧 臨山登水莫放他
等得阿彌生極樂 十方來去任如何

머물 때 염불하며 몸을 살펴보니
사대(四大) 가운데 참됨이 없구나.
나와 미타가 둘이 아니니
밝은 달 아래 그림자 더하여 모두 셋이구나.
빈 방은 점점 허물어져 머물기 어렵고
정토는 멀리 있으나 오히려 왕생하기 쉽구나.
어느 때에 매미같이 허물 벗고
연화대에 올라 금빛 몸을 얻을까.
住時念佛好觀身 四大之中那一眞
我與彌陀非兩个 影兼明月恰三人
空房漸朽應難住 淨土雖遙尚易生
何日如蟬新脫殼 蓮華臺里産金身

앉을 때는 가부좌하신 부처님을 관하니
몸은 연화대에서 꽃으로 피어나네.
백호의 모습도 생각따라 선명하고
금빛 얼굴 나타나 마음과 부합하네.
현상은 꿈과 같아 그 근원이 공적(空寂)하나
이치는 원융(圓融)하여 유(有)무(無)가 없네.
어느 때나 연화대에서 부처님 발 아래 머리 조아려
부처님께 친히 제호의 관정을 받으오리.

坐時觀佛足跏趺 身在蓮台華正敷
毫相分明隨念見 金容映現與心符
事如夢幻元空寂 理到圓融非有無
何日池頭捧雙足 親蒙頂上灌醍醐

누워서 염불할 때는 소리 내지 말고
숨 쉬는 가운데 부처님 명호를 이어가네.
베갯머리 맑은 바람이 부니 가을이 만리(萬里)이고
침상 위로 명월이 비치니 깊은 밤 삼경(三更)일세.
티끌 같은 번뇌 끊기 어려우나,
오직 꿈에서는 연화대 쉬이 보네.

꿈속에 부처님 뵈옵더니,
깨어서는 더욱 분명하구나!
臥時念佛莫開聲 鼻息之中好系名
一枕淸風秋萬里 半床明月夜三更
無如塵累心難斷 惟有蓮華夢易成
睡眠朦朧諸佛現 覺來追記尙分明

    꿈속에서도 염불이 이어지지 못한다면 아직 공부가 충분히 익지 않은 것이다. 잠에서 깬 뒤에 부처님 앞에서 피가 나도록 절을 하며 크게 참회하라. 이렇게 2, 3년 동안 정진하면 자연히 깊은 잠 속에서도 염불이 끊어지지 않을 것이다. 사람이 사는 것은 잠에서 깬 것과 같고, 죽는 것은 잠자는 것과 같다. 그러므로 꿈에서도 염불할 수 있어야 죽을 때도 자연히 염불하여 왕생할 수 있다.
    그러므로 염불공부는 모름지기 자기의 검증이 필요하다. 즐겁거나 괴롭거나, 순(順)경계나 역(逆)경계 속에서도 의연히 염불이 끊어지지 않고, 사랑과 미움의 경계에서도 흔들리지 않으면 생사의 갈림길에서 저절로 일심불란(一心不亂)을 얻게 될 것이다.

또 어떤 사람은 "염불은 노인이 할 일이지 젊은 사람은 염불할 필요가 없다."고 말한다. 이것 또한 사람을 그르치게 하는 말이다. 사람의 목숨은 무상하여 수명의 길고 짧음은 정해져 있지 않음을 알아야 한다. 발심하여 염불하는 것은 빠르면 빠를수록 좋다. 만약 오래 살게 되면 염불하는 시간이 많아지니, 그만큼 수행의 공덕이 깊어지고 극락정토에서 받을 품위(品位)도 또한 높아질 것이다. 옛사람이 이르기를,

늙기를 기다려 도를 배우려 하지 마라.
저 많은 외로운 무덤은 젊어 죽은 사람들이다.
莫待老年方學道, 孤墳多是少年人

라고 하였다. 이 말을 잘 음미하여 스스로 맹렬히 반성하여야 할 것이다. 만약 일찍 염불수행을 시작하면 이미 정해진 업은 피하기 어려울지라도, 단명하여 죽어도 극락세계에 왕생할 수 있다. 이미 염불수행의 깨끗한 업을 닦아서 정토의 인연을 맺었기 때문에 비록 수행 공덕이 얕을지라도 믿음과 발원이 깊고 간절하면 또한 부처님의 영접을 받아 극락세계에 왕생할 수 있다.

나에게 수행을 권하는 시구가 하나 있다.

여러 현자들에게 권하노니, 빨리 수행하라.
세월은 화살과 같아서 머물기 어려우며,
춥고 더움은 번갈아 가면서 늙음을 재촉하니,
청년이 머리 희어짐을 깨닫지 못하네.
奉勸諸賢及早修 光陰似箭去難留
寒來暑往催人老 不覺靑年白了頭

어떤 사람은 "염불은 한가한 사람이 할 일이지, 업무로 바쁜 사람은 못한다."고 한다. 이것은 백거이(白居易)가 한 말을 듣지 못했기 때문이다.

걸을 때도 아미타불,
앉아서도 아미타불,
날아가는 화살같이 바쁠지라도
아미타불 염불 그만두지 않네.
行也阿彌陀 坐也阿彌陀
縱饒忙似箭 不廢阿彌陀

옛날에 갈제지(葛濟之)라는 사람의 아내가 베를 짜서 어려운 살림을 도왔다. 어느 날 한 스님에게서 염불법문의 가르침을 받고나서는 온 종일 쉬지 않고 염불하였다. 베틀 위에 앉아 북을 한 번 던질 때마다 아미타 부처님 명호를 한 번씩 부르며 그렇게 늘 수행하였다. 그래서 온 종일 베를 짜면서도 고생스럽지 않았다. 그런데 그 남편은 도가(道家)의 연단술을 닦으면서 아내에게 염불을 버리고 단약(丹藥)을 연마하라고 권하였다. 그러나 아내는 따르지 않고 베를 짜며 전과 같이 염불을 계속 하였다. 그러던 중 어느 날 베를 짜며 염불하던 아내 앞에 아미타 부처님께서 허공에 몸을 드러내어 광명이 찬란하게 빛났다.

　　부처님을 친견하게 되자, 아내는 급히 일어나 예불하고 나서 남편도 불러서 함께 예불하게 하였다. 남편은 염불 공덕으로 부처님을 친견하였으니, 임종 시에는 틀림없이 부처님의 영접을 받아 왕생할 것이라는 믿음이 생겼다. 그리하여 도가(道家)의 선경(仙經)을 불태우고 부부가 함께 염불법문을 닦았다. 그 뒤에 부부가 임종할 때 상서가 있었고 함께 극락정토에 왕생하였다.

　　이렇게 염불은 일하는 사람에게도 장애가 없는데, 어떻게 한가로운 사람만이 염불을 할 수 있겠는가?

대업왕생(帶業往生)할 수 있다

　　　　　　　　　　염불이 뛰어난 방편이 되는 두 번째 이유는 '악업을 지닌 채로 극락정토에 왕생할 수 있다(帶業往生)'는 것이다. 일체 중생은 미혹(迷惑)에 의하여 업을 짓고 업에 따라 과보를 받는다. 이것은 필연적인 일이다.

　『지장경(地藏經)』에 이르기를 "업의 힘은 매우 커서 수미산(須彌山)에 맞서 겨룰 수 있고, 거대한 바다와 같이 깊어 능히 성스러운 도를 가로 막는다. 그러므로 작은 악행은 죄가 없다며 가볍게 여기지 말라. 죽은 뒤에 과보를 받는 것이 조금도 다르지 않다. 부모와 자식은 더없이 가깝지만, 가는 길이 서로 다르며 설사 서로 만난다 하더라도 업의 과보를 대신 받지 못한다."라고 하였다.

　업은 헛되지 않아서, 생사를 반복하여도 끝나지 않는다. 옛날에 안세고(安世高, ?~170) 스님은 여러 생에 걸쳐 수행하여 안식국(安息國)의 왕자로 태어났다. 나중에 다섯 가지 감관의 즐거움(五慾)을 버리고 출가 수행하여 숙명통(宿命通)을 얻게 되었다. 신통력으로 살펴보니 전생에 자신이 다른 사람의 생명을 해쳤는데, 그 사람이 중국에 태어나 살고 있다는 것을 알게 되었다. 그래서 배를 타고 중국의 낙양에 도착하였다. 아무도 없는 들판에 이르렀을 때 한 소년을 만나게 되었다. 그런데 그 소년은 갑자기 몹시 화를 내며 한 마디 말도 없이 칼을 뽑아서 스님을 죽였다.

이렇게 죽은 뒤에 스님은 안식국의 태자로 다시 태어났다. 자라서 출가 수행하여 숙명통을 얻게 되었고, 원결이 아직도 남아 있는 것을 알고는 목숨 빚을 갚으려 하였다. 목숨 빚의 주인이 낙양에 있었기 때문에 또다시 낙양으로 갔다.

스님은 전생에 자신을 죽인 사람의 집을 찾아가서 하룻밤 묵어가기를 요청했더니, 그 사람이 승낙하였다. 전생에는 스님을 죽이더니 현생에 숙박을 허락한 이유는 이미 그 빚을 갚았기 때문이다.

저녁까지 후하게 대접받고 나서, 스님이 "나를 알아보겠습니까?" 하고 물었지만, 그는 알지 못했다.

그래서 "예전에 아무 해 아무 달 아무 날에 어느 들판에서 당신이 살해한 스님이 바로 접니다." 하고 알려주었다.

그 사람은 그 일을 아는 사람은 아무도 없는데 이 스님은 필시 귀신이 원수를 갚으러 온 것이라고 생각하여 놀라 달아나려고 하였다. 그러자 스님은 이렇게 말하며 진정시켰다.

"두려워하지 마시오. 나는 귀신이 아닙니다. 살해된 뒤에 혼령이 다시 안식국에 태어나서 이번에 낙양에 온 것입니다. 그런데 내가 내일 다른 사람 때문에 죽게 될 목숨 빚이 남아 있습니다. 숙세의 목숨 빚을 갚아야 하니, 내 부탁을 들어주세요. 지금 내가 유언하는 것을 증거로 삼으세요. 나는 그 사람에게 갚아야 할 목숨 빚이 있으니, 과실로 사람을 죽인 죄는 다스릴 필요가 없다고 관청에 청해 주세요."

스님은 부탁을 마치고 각자 편안히 잠을 자고 나서 다음 날 함께 이웃 마을에 갔다. 스님이 앞에 가고 그 사람은 뒤를 따랐다. 스님 앞에 어떤 시골 사람이 땔감을 짊어지고 가고 있었다. 그런데 갑자기 땔감이 우르르 떨어지더니 뒤따르던 스님의 머리를 치게 되어 그 즉시 목숨을 잃게 되었다. 땔감을 지고 가던 시골사람이 관청에 잡혀가서 심문을 받게 되었다. 스님과 함께 가던 낙양 사람이 관리에게 상황을 이야기하며, 스님의 유언을 전달하였다. 스님이 전생에 진 목숨 빚이 남아 있어서 그런 일이 벌어졌으니, 시골 사람의 죄를 다스리지 말 것을 부탁하였다. 관청에서는 그 말을 듣고 인과(因果)가 어둡지 않으며, 목숨 빚은 피하기 어려움을 믿게 되었다. 결국, 시골 사람은 과실로 스님을 죽인 죄를 사면받았다. 그리고 스님의 영혼은 다시 안식국에 태자로 태어나서 출가 수행하였는데, 안세고(安世高) 스님이 바로 그 분이다.

　자신이 지은 업은 피하기 어렵다는 것을 이 이야기에서 알 수 있다. 안세고 스님과 같이 두 번이나 출가 수행하여 고승이 되어 숙명통을 얻었어도 자신의 숙업은 바꾸지 못하였다.

　그런데 염불법문은 '악업을 지닌 채로 극락정토에 왕생(帶業往生)' 할 수 있으니, 참으로 뛰어난 수행법이 아닌가? 염불법문에서 대업왕생(帶業往生)은 불가사의한 것이라서 예로부터 많은 사람들이 의심해 왔다.

　옛날에 어떤 국왕이 나가세나 스님에게 말하였다.
　"염불하는 사람은 악업을 지닌 채로 극락세계에 왕생할 수 있습니까? 이 일을 사람들은 믿기 어렵습니다."
　나가세나 스님이 대답하였다.
　"대왕이시여, 큰 돌을 물에 놓으면 빠집니까? 안 빠집니까?"
　"빠집니다."
　"빠지지 않게 할 수 있습니까?"
　"할 수 없습니다."
　"만약 큰 돌을 큰 배 위에 싣는다면 다른 곳으로 옮길 수 있습니까, 없습니까?"

국왕이 깨닫고 말하기를 "있습니다."

스님이 말하기를 "악업을 지은 중생이 타락하는 것은 마치 큰 돌을 물에 놓으면 반드시 빠지는 것과 같습니다. 그러나 염불하는 사람은 아미타 부처님의 큰 원력으로 영접을 받아 왕생하는 것이니 부처님의 크신 원력의 배를 타기 때문에 악업이 있어도 왕생할 수 있습니다. 그것은 마치 큰 돌이라도 배에 실으면 다른 곳으로 옮길 수 있는 것과 같습니다."라고 하였다.

이 말씀을 잘 살펴서 참구해 보면 저절로 의심이 끊어지고 바른 믿음이 생겨날 것이다.

대업왕생(帶業往生)을 증명하는 일화를 또 한 가지 들어보자. 옛날에 장선화(張善和)라는 소를 잡는 백정이 있었다. 나이가 먹고 병이 들어 목숨을 마치려 할 때 수많은 소들이 제 목숨을 돌려달라며 그에게 달려드는 것이 보였다. 소들이 달려들어 뿔로 그의 눈을 찌르고, 가슴을 치받고, 혹은 머리로 등을 밀치고 발로는 몸을 차며 밟았다. 너무 무섭고 놀랐던 장선화는 아내에게 빨리 스님을 모셔다가 자기를 살려달라고 소리쳤다.

그의 아내가 스님 한 분을 모셔왔는데, 스님이 장선화의 모습을 보고 말하였다. "두려워하지 마라. 너는 현생에 살생한 죄업이 지중하여 다른 법으로는 제도할 수 없으나, 오직 일심으로 아미타 부처님의 명호를 부르면 너에게 맺힌 원한을 풀고 고통에서 벗어날 수 있다. 그러니 나를 따라서 염불하자."

그리고는 스님이 바로 큰 소리로 "나무아미타불"을 염하였고, 장선화도 한 손에는 향을 잡고 스님을 따라 염불하였다. 곧이어 그는 "소들이 떠나갔다."고 하였다. 스님은 다시 염불하면서 서방 극락세계에 왕생하기를 원하라고 권하였다. 장선화는 더욱 간절하게 염불하였다. 조금 지나자 "부처님께서 나를 맞으러 오신다."고 말하더니 향을 들고 합장하고 운명하였다. 이 일화 또한 대업왕생을 증명하는 것이다.

여러분들에게 삼가 권하노라. 장선화가 염불로 대업왕생(帶業往生)한 것이 명백하고 틀림없다. 그러나 염불로 대업왕생할 수 있다고 하여, 생전에 마음대로 악업을 지은 뒤 임종에 이르러 부처님께 의지하여 손쉽게 대업왕생할 수 있다고 생각하는 것은 천만 번 옳지 않은 것이다.

임종에 이르러 염불하는 것은 결코 쉬운 일이 아니다. 만일 오랜 과거세부터 쌓아온 선근이 없으면 임종 자리에서 결코 염불하지 못할 것이다. 장선화가 백정을 업으로 삼아 일생 동안 소를 도살하는 악업을 저질렀어도 전생에 쌓은 선근이 있었기에 임종 자리에서 염불할 수 있었던 것이다.

만약 선근이 없었다면 스님을 모셔서 제도해달라고 아내에게 부탁하지도 못했을 것이고, 또한 도력 높은 스님을 만나지도 못했을 것이다. 악업을 경계하는 것이 먼저이고, 부처님께서 구해주시기를 기다리는 것은 그 다음이다. 한가로울 때 미리 향을 사르며 정진해야 하지, 임종에 이르러 부처님의 발을 잡으려 해서는 안 될 것이다. 옛 말에 이르기를 "벼랑에 이르러 말고삐를 당기면 늦었고, 강 가운데서 배의 물새는 틈을 막는 것도 늦었다(臨崖勒馬收繮晚 船到江心補漏遲)."라고 하였다.

불퇴(不退)의 지위에 오르게 한다

염불이 뛰어난 방편이 되는 세 번째 이유는 물러나지 않는 불퇴(不退)의 경지에 오를 수 있기 때문이다.

연종(蓮宗: 정토종)의 제2대 조사인 광명(光明) 선도(善導) 대사가 "다른 문의 수행은 굽고 편벽되어 이루기 어려우나, 오직 이 염불법문은 속히 생사를 초월할 수 있다."고 말하였다.

사바세계의 중생은 근기가 둔하고 장애가 깊어서, 발심 수행자가 적고 발심하더라도 굳건하여 물러나지 않는 이는 더욱 드물다. 또는 허깨비와 같은 자신의 육신을 너무나 귀중하게 여겨 아끼려 한다. 그리하여 고생이나 장애를 두려워하여, 처음에는 근면하지만 나중에는 나태해져서 공부가 진보하지 못한다. 또는 환경이 열악하고 수행을 도와주는 인연이 부족하여, 발심 수행하고자 하나 결국에는 여러 장애를 이기지 못하고 마침내 초심(初心)에서 물러나게 된다. 혹은 병에 걸려 몸을 자유롭게 움직이지 못하거나, 불구가 될 수도 있고, 마음에 어지러운 생각이 일어나서 고통받기도 한다. 이것은 모두 공부를 타락시키는 마장인 것이다.

옛 말에 이르기를 "도가 한 척 높아지면 마는 한 장 높아진다."고 하였다. 이것은 모두 수행에서 퇴보하고 떨어지는 인연으로 일일이 다 셀 수 없다. 설사 일생 동안 정진하며 마지막까지 노력하였으나 수행을 이루지 못하고 목숨을 다하여 다시 모태에 들면 미혹되기 때문에 전생의 수행을 잊어버리고 계속하지 못한다. 한번 사바세계에 떨어지면 문득 탐욕이 일어나서 고통에 빠져 오랫동안 벗어나지 못한다.

내가 젊었을 때 선배스님에게서 옛 이야기를 하나 들었는데, 매우 일리 있는 이야기였다. 단지 책에서 보지 못했지만 이제 기록으로 남겨서 '다시 태어난 뒤 수행에서 퇴보하게 된 증거'로 삼고자 한다.

송나라 시대의 대문장가인 소동파(蘇東坡)는 오조(五祖) 계(戒) 선사[운문종의 선승]의 후신(後身)이라고 전해진다. 소동파는 재주가 뛰어나서 일찍 벼슬길에 들었고, 아내 한 명에 첩을 여럿 두고 오욕에 빠져 자각하지 못하였다. 그는 평소에 불인(佛印) 선사와 교류하고 지냈는데, 하루는 불인 선사가 소동파를 제도하고자 그의 집에 머물렀다.

그때 소동파는 자신의 여러 첩 가운데 한 명을 보내어 시중을 들게 하였다. 밤이 되자 선사는 소동파의 첩에게 화로 일곱 개를 가져와서 각각 숯불을 피우고, 차(茶) 주전자 하나에 물을 가득 담아서 끓이게 하였다. 물이 끓어올라도 차를 우려내지 않고 계속 끓이기만 하였다. 두 번째, 세 번째 화로로 차례대로 옮겨가며 차 주전자의 물을 계속해서 끓였다.

소동파의 첩은 무슨 뜻인지 알지 못하였고, 선사는 단지 편안히 앉아 있었다. 차 주전자는 끓은 지 오래 되자 물이 다 말라

버리고 쩡 소리를 내며 깨졌다. 그러자 선사는 미소를 머금으며 소동파의 첩에게 "밤이 깊었으니 돌아가 편히 자라."고 하였다.

다음 날 새벽 소동파가 첩에게 어젯밤 선사께서 무슨 말씀을 하시던가 물으니, 첩은 그 일을 상세하게 말했다. 그 이야기를 들은 소동파는 만약 욕망을 끊지 않으면 반드시 생명을 잃게 될 것을 깨닫게 되었다. 마치 화로 위의 주전자가 물이 다 마르고 나면 반드시 깨어지는 것과 같은 이치이다. 욕망은 선정(禪定)의 힘이 아니면 제어할 길이 없으므로 소동파는 만년에 선정을 닦게 되었다.

이와 같이 사바세계에서 수행하여 물러남이 없는 불퇴의 경지를 얻는 것은 진실로 어렵다. 마치 십신위(十信位)의 보살이 큰 믿음을 내어 수행하지만, 나아가기도 하고 물러나기도 한다. 마치 허공 가운데 깃털이 바람 부는 대로 오르락내리락하는 것과 같다. 1만 겁 동안 수행해야 신심(信心)이 만족하고 선근이 성숙하여 정정취(正定聚)에 들고, 이윽고 초주(初住)에 올라 불퇴(不退)의 지위를 얻게 된다. 수행이 더욱 진전하여 십행(十行)에 이르면 행(行)의 불퇴를 얻고, 초지(初地)에 오르면 염(念)의 불퇴를 증득한다. 이 경지부터는 자유자재로 닦아 나아가 생각 생각이 바다와 같이 넓은 일체지로 흘러 들어간다.

　　예로부터 염불법문은 여러 가지 수행방편 가운데서도 지름길이라고 하였다. 만약 깊은 신심을 내어 정토왕생을 발원하며 힘써 염불하기를 멈추지 않으면, 목숨을 마치고 난 뒤 반드시 왕생하여 세 가지 불퇴를 원만히 얻게 된다. 『아미타경』에 이르기를 "극락세계에 왕생하는 중생은 모두 아비발치(阿鞞跋致)이다." 라고 하였다. 여기서 아비발치의 뜻이 '불퇴(不退)' 즉 물러서지 않는 것이다.

　　불퇴에는 세 가지가 있다.

　　첫째는 위불퇴(位不退)로, 수행으로 오른 지위에서 다시 퇴보하지 않는 것이다.

　　둘째는 행불퇴(行不退)로, 항상 중생구제를 생각할 뿐, 자신만 이롭게 하는 성문, 연각의 이승의 지위에는 떨어지지 않는 것이다.

　　셋째는 염불퇴(念不退)로, 자유자재로 진보하여 여래지(如來地)로 깨달아 들어가는 것이다.

　　아미타 부처님의 극락세계에서는 오래 수행한 사람은 물론이요, 처음으로 왕생하는 하품 중생도 모두 세 가지 불퇴를 얻게 된다. 또한 악업이 있더라도 임종에 이르러서 아미타 부처님의 명호를 열 번 부른 중생도 또한 모두 세 가지 불퇴를 증득하게 된다. 아미타 부처님의 크신 원력과 지명염불의 큰 공덕과 같은 수승한 방편이 아니라면 어떻게 여기에 이를 수 있겠는가.

업장을 소멸시키는 수행

모든 중생은 무시 이래로 한 생각이 망녕되이 움직여 무명이 생기고 미혹에 미혹을 쌓으며 무수한 겁 동안 윤회하였다. 마음을 움직여 생각이 일어나 지은 많은 악업이 장애가 되어 자신의 불성이 가로막혔다. 이와 같은 업의 장애 즉 업장(業障)을 없애지 못하면 불성이 드러나지 못한다. 그런 이유로 석가모니 부처님께서 염불법문을 가르치시어 중생의 업장을 소멸하게 하셨다. 경전에 이르기를 "염불 한 번으로 능히 80억 겁 동안 지은 생사의 무거운 죄가 소멸된다(念佛一聲 能滅八十億劫 生死重罪)."고 하셨다.

어떻게 염불 한 번으로 오랜 세월 동안 지은 죄가 사라질 수 있는가? 발심 염불은 큰 지혜가 바로 눈 앞에 나타나는 것과 같기 때문이다. 비유하자면, 천 년 동안 어둠 속에 쌓여있던 동굴이라도 밝은 등불 하나면 순식간에 어둠이 사라지는 것처럼 그렇게 염불이 죄를 없애는 것이다.

●

　　업이 무겁고 장애가 깊으면 염불을 해도 망상이 어지럽게 일어난다. 이것은 발심이 간절하지 않고 염하는 힘이 충분하지 않기 때문에 업장에 대적하지 못한 것이다. 바로 이런 까닭으로 더욱 염불을 해야 한다.

　　경에 이르기를 "업장이 많은 중생은 염불관(念佛觀)을 하라."고 하셨다. 만약 온 마음을 다해 염불하면 여러 부처님의 호념을 받게 되고, 아미타 부처님의 광명을 받아 저절로 명훈 가피를 입어 업장이 점차 소멸되고 선근이 날로 자라나게 된다.

　　진(晉)나라 시대에 스님들에게 도태(淘汰: 스님들의 진짜와 가짜를 가려내는 것)를 시행하였다. 그때 황제가 여산(廬山)의 혜원(慧遠) 스님의 덕을 흠모하여 칙령을 내려서 여산은 도태에서 제외하였다. 두 스님이 있었는데, 한 스님은 장님이고 또 한 스님은 절름발이였다. 두 스님은 모두 업장이 깊고 무거웠기에 도태를 피하고자 여산으로 가서 혜원 스님께 간청하여 머물게 되었다. 두 스님은 혜원 스님의 가르침을 따라 수행을 하였다. 나이가 많이 들게 되자 혜원 스님은 이들에게 염불법문에 의지하여 업장을 소멸시키며 큰 원을 발하게 하였다. 장님인 스님은 다음 생에 큰 선지식이 되어 정토종을 널리 펼치기를 발원하였고, 절름발이인 스님은 다음 생에 나라의 왕이 되어 삼보를 호지하기를 발원하였다. 두 스님은 모두 염불 공덕에 의지하여 업장을 소멸하고 서원을 성취하였다.

　　장님인 스님은 영명(永明) 연수(延壽) 대사가 되어 온갖 뛰어난 일로 정토를 장엄하였다. 절름발이 스님은 고려의 국왕이 되어 평생 불법을 깊이 믿고 삼보를 호지하였고, 후에 중국에 가서 영명 연수 대사의 법을 호지하여 정토법문을 융성시켰다.

　　옛날에 한 백정이 있었는데, 돼지 잡는 것을 업으로 삼았다. 그의 아내는 염불법문을 수지하였는데, 항상 남편에게 살생의 업이 무거워 악한 과보가 있으니 아미타 부처님의 명호를 염하여 업장을 소멸하라고 권하였다. 그 남편은 처음에는 믿지 않았으나, 아내가 자주 권하였기에 염불을 하였다. 그러나 근기가 얕고 엷어 금방 염하고 금방 잊어버렸다. 그 아내가 꾀를 내어 방마다 문 위에 방울을 달아 놓고, 방울소리가 날 때마다 염불을 하라고 하였다. 그 후로 남편은 방울소리를 들으면 곧 바로 염불을 하였다. 그리고 몇 년 뒤에 병이 들어 목숨을 마쳤다.

　　그의 혼령이 염라대왕 앞에 이르러서, 돼지를 도살한 벌로 내생에 축생의 몸을 받아 목숨 빚을 갚게 되었다. 염라대왕이 귀졸(鬼卒)들에게 그를 돼지의 태(胎)로 몰고가라고 명령했다. 창을

든 귀졸들이 그를 데리고 가는데, 창 위에 구리로 된 고리가 달려있어서 움직일 때마다 울려서 소리가 났다. 그런데 그 소리가 방울소리와 비슷하였다. 남편은 그 소리를 듣고는 바로 아미타 부처님의 명호를 한 번 불렀다. 그러자 커다란 연꽃이 나타나서 창이 그의 몸에 닿지 않게 하고 즉시 정토에 왕생하게 되었다. 이것이 바로 염불이 능히 업장을 소멸시킨다는 것이다.

　　업장(業障)은 세 가지 장애 가운데 하나이다. 미혹의 장애[惑障]에 의하여 악업을 짓고, 악업의 장애[業障]로 말미암아 과보의 장애[報障]을 받게 된다. 너와 내가 모두 육도에 윤회하는 것은 다 세 가지 장애가 있기 때문이다. 만일 숙업을 소멸하고 새로운 업을 더 이상 짓지 않으면 과보는 저절로 받지 않게 된다.

　　석가모니 부처님께서 중생들에게 염불을 가르치신 것은 과거의 잘못을 고쳐 앞으로 선행을 닦도록 하신 것이다. 아미타 부처님의 명호 한 구절을 온 마음을 다해 염하며 멈추지 말라. 그러면 생각생각마다 마음의 광명이 부처님의 명호에 비치고, 부처님의 광명이 염불수행자에게 닿아 서로를 비추니 그 위력을 감히 헤아리기 어렵다. 바로 이것이 업장을 소멸하는 것이다. 마치 햇빛이 긴 밤의 어둠을 깨뜨리고, 바람이 하늘 가득한 묵은 구름을 쓸어 가는 것과 같다.

　　세상에는 발심하여 수행하는 사람들이 많지만 정토법문을 믿지 않고 염불을 하지 않으려 한다. 그러나 설령 다섯 가지 신통을 얻을지라도 오히려 업장을 소멸하기는 어려운 일이다.

　　옛날에 네 형제가 있었는데, 함께 수행하여 모두 다섯 가지 신통을 얻었다. 첫째는 천안통(天眼通)으로 세상에 있는 멀고 가까운 모든 것을 볼 수 있다. 둘째는 천이통(天耳通)으로 세상의 모든 소리를 들을 수 있다. 셋째는 타심통(他心通)으로 다른 사람이 마음으로 생각하는 것을 알 수 있다. 넷째는 숙명통(宿命通)으로 과거 생의 모든 일을 알 수 있다. 마지막 다섯째는 신족통(神足通)으로 세상의 어디라도 걸림 없이 갈 수 있는 신통이다. 그런데 하루는 큰 형이 다음날 점심 무렵에 무상(無常)이 닥쳐서 네 형제가 동시에 죽게 될 것을 알고, 동생들에게 물었다.

　　"너희들은 내일 무슨 일이 있을지 아느냐?"

　　동생들이 대답하였다.

　　"내일 점심 무렵에 우리 네 사람에게 무상이 올 것입니다."

　　무상(無常)이라는 말은 영원한 것은 없다는 뜻으로 죽음의 다른 이름이다.

"어떤 방법으로 피하겠느냐?"

"신통력으로 피할 방법을 마련하면 저 무상이라는 귀졸(鬼卒)은 우리를 어쩌지 못할 것입니다."

네 형제는 서로 상의하여 각자가 쓸 방법을 정하였다. 큰형은 "신통력으로 허공으로 올라가겠다."고 하였고, 둘째 형은 "신통력으로 큰 바다 밑으로 가겠다."고 하였고, 셋째는 "신통력으로 산 속 계곡에 들어가겠다."고 하고, 넷째는 "신통력으로 시장 가운데로 숨겠다."고 하였다.

다음날 네 형제는 모두 신통력을 사용하여 죽음을 피하려 했다. 그러나 업장이 소멸되지 않아서 모두 신통력을 잃어버리게 될 줄은 몰랐다. 공중으로 오른 자는 땅에 떨어져 죽고, 바다 속으로 숨어든 자는 큰 물고기의 밥이 되었으며, 산으로 들어간 자는 굶주린 호랑이에게 잡아먹혔고, 시장에 숨은 자는 사람들이 혼잡한 북새통에 발에 걸려 넘어져 밟혀 죽었다.

네 형제 가운데 죽음을 피한 사람은 아무도 없었다. 이것은 감산(憨山) 대사께서 말씀하신 바와 같다. "세상일은 원래 부족함이 많고, 허망한 육신은 무상을 면치 못하네!"

여러분에게 권하노라. 신통력을 탐내지 말고, 단지 성실하게 염불하여 정토왕생을 구하라. 그러면 저절로 업장이 소멸되고 임종 시에 아미타 부처님의 영접을 받아 죽음의 고통에서 영원히 벗어나고 진실한 즐거움을 증득하게 되니 어찌 좋지 않겠는가?

업의 위력은 매우 커서 세간의 모든 중생들은 그 업에 따라 몸을 바꾼다. 오직 염불만이 업장을 소멸할 수 있다. 구관조와 같은 새도 염불하여 대업왕생하였다.

옛날에 어떤 사람이 구관조를 한 마리 길러서 사람의 말을 흉내 내게 하였다. 하루는 한 스님이 그 집에 오셔서 "나무아미타불" 염불을 하셨는데, 그 소리를 구관조가 듣고 따라하였다. 스님이 떠난 뒤에도 구관조는 날마다 "나무아미타불" 염불 소리를 내었다. 그 주인은 새가 염불을 즐겨하는 것을 알고는 절에 보냈다. 염불하는 새를 기이하게 생각한 스님은 구관조에게 유념(有念) 염불과 무념(無念) 염불을 설했는데, 새가 알아듣는 듯이 보였다.

그러던 중 구관조가 곧 죽을 것을 알게 된 스님은 마지막 염불을 하도록 도와주었다. 새장 속에서 구관조가 죽자 땅에 묻어주었다. 그런데 며칠 뒤에 연꽃 한 송이가 피어나서 그 자리를 파 보니, 구관조의 입에서 연꽃이 피어난 것이었다. 뒷날 사람들이 이렇게 칭송하였다.

한 마리 신령한 구관조
스님의 아미타불 염송을 따랐네.
죽어 땅에 묻힌 뒤 연꽃을 피웠는데
우리가 사람이 되어서 어찌 모르느냐.
有一靈禽八八兒 解隨僧語念彌陀
死埋平地蓮華發 我輩爲人豈不知

스님의 염불을 따라서 염불한 구관조와 같은 새도 왕생하는 것을 그 입에서 피어난 연꽃으로 알 수 있다. 만물의 영장인 사람이 발심하여 염불하지 않는다면, 그것은 위로는 부처님의 교화를 저버리고 아래로는 자신의 신령함을 저버리는 일이다. 그러므로 나장원(羅壯元)의 말을 기억해보자.

세상만사 모두 꿈과 같으니,
시급히 아미타불을 염하는 것만 같지 못하네!
世上萬般渾是夢 無如亟早念彌陀

염불로 복의 과보를 구하지 말라

세상에 발심 염불하는 사람들이 많이 있지만, 염불의 참 뜻은 잘 알지 못한다. 무엇 때문에 염불 정진하느냐고 물으면, '내세를 닦기 위해서' 염불한다고들 말한다. 이렇게 생각하는 사람은 처음부터 발원이 잘못된 것이다. 석가모니 부처님께서 염불법문을 설하신 이유와는 다른 것이다. 부처님께서는 현상 세계에 집착하여 몸과 마음에 온갖 고통을 받는 우리 중생들이 염불 정진으로 서방 극락정토에 왕생하여 고통을 벗어나 극락의 즐거움을 얻게 하신 것이다. 그런데 극락정토 왕생을 발원하지 않고 인간세계에 다시 태어나 복락 누리기를 바라는 것은 참으로 슬픈 일이다.

　　인간 세상의 모든 일은 괴롭고, 헛되며, 무상하여 참된 즐거움이 아니다. 부귀영화를 얻어 세간의 재물과 명예, 기름진 음식과 쾌락 등 다섯 가지 즐거움을 누릴지라도 이것들은 조금도 참된 즐거움이 아니다. 옛날 덕 높은 스님의 말씀에 "오직 이 색신(色身)이 고통의 근본임을 누가 믿으며, 단지 세상의 즐거움만 탐하며 즐거움이 고통의 원인임을 알지 못하네."라고 하였다.

또 경전에 이르기를 "재물욕, 색욕, 식욕, 명예욕, 수면욕은 지옥에 들어가는 다섯 가지 근본이다. 이 다섯 가지 욕망을 없애지 못하면 속세를 벗어날 수 없다."라고 하였다.

내세의 복을 구한다는 것은 부유한 집안에 다시 태어나 온갖 복락을 누리려는 것이다. 사람의 부귀영화는 꽃잎 위의 이슬 같고, 세상 명예는 물거품과 같다. 세간의 복을 누리는 도중에 복덕을 닦지 않으면, 그 복이 다했을 때 고통스러운 세계에 떨어지게 된다. 마침내 즐거운 날은 짧고 고통스런 날은 긴 것이다.

사자봉(獅子峰) 스님이 말하기를 "색과 재물을 탐하는 것은 사람 몸을 잃는 첩경이다. 하루하루 술 마시고 고기를 먹는 것은 지옥에 깊이 뿌리를 심는 것이고, 눈앞의 쾌락에 빠져 살면 죽은 후 고통과 괴로움을 오래도록 받게 된다."고 하였다.

염불은 본래 이고득락(離苦得樂) 즉 고통을 여의고 즐거움을 얻는 수행 방법이다. 그러나 극락왕생을 구하지 않고 사바세계에 그대로 있으면 고통에서 벗어나지 못한다. 사람이 겪는 여덟 가지 고통을 간단히 살펴보자.

태어나는 고통

사람들은 모두 자신이 지은 업에 따라 과보를 받는다. 전생의 업연에 의하여 부모와 세 가지 연(緣)으로 화합하여 중음신이 어머니의 태에 든다. 처음에 부모의 성적인 접촉을 보고 욕망이 일어나는데, 애욕이 종자가 되어 생각을 받아들여 태에 들게 된다.

어머니 태 안에 있는 동안, 어머니가 뜨거운 것을 먹을 때는 화탕지옥(火湯地獄)처럼 뜨거운 고통이 있고, 차가운 것을 먹을 때는 한빙지옥(寒氷地獄)처럼 차가운 고통이 있다. 열 달 동안 태 안에 있는 것은 마치 어두운 감옥에 갇힌 것처럼 고통스럽다.

그리고 모태에서 나오는 출산의 과정은 마치 칼바람으로 몸을 베는 듯한 고통이 있다. 그래서 아기가 태어날 때 큰 소리로 울음을 터뜨리는 것이다. 모름지기 사람으로 태어나면서 이와 같은 고통은 피할 수 없는 것이다.

늙는 고통

태어난 뒤 나이가 먹으면 고왔던 모습도 변하게 된다. 눈은 침침하게 어두워지고, 귀가 먹어 소리도 잘 들리지 않고, 흰머리와 주름을 피하지 못하고, 이빨이 빠지며 기력이 약해져서 다른 사람에게 의지하게 된다.

능엄회상(楞嚴會上)에서 부처님께서 코살라의 파세나디 왕에게 물으셨다.

"대왕의 모습을 보니 기력이 약하고 쇠하지 않습니까?"

왕이 대답하였다.

"몸이 변하는 것을 느끼지 못하는 사이에 세월이 흘러 점점 이렇게 되었습니다. 제가 어린아이일 때는 피부가 윤택했고, 장성해서는 혈기가 충만했는데, 이제 나이가 드니 머리는 희어지고 얼굴은 주름이 가득하여 마라에게 잡혀갈 날도 멀지 않았습니다."

한 나라의 왕과 같이 귀하고 부유한 사람도 늙는 고통은 피할 수 없는 것이다. 옛 사람이 말하였다.

황금은 천 년의 업이 아니며,
붉은 해는 양 볼의 살을 없어지게 하네.
黃金不是千年業 紅日能消兩鬢霜

병드는 고통

사람의 몸은 지·수·화·풍의 사대(四大)가 조화를 잃으면 온갖 병이 다 생긴다. 세상에 병 없는 사람은 참으로 드물다. 옛 스님이 말씀하셨다.

병이 나서야 몸이 고통임을 알았고,
건강할 때는 모두 남을 위해 바쁘기만 하였네.
病到方知身是苦 健時都爲別人忙

큰 병이나 장애를 굳이 들지 않더라도, 머리가 아프거나 이빨이 조금 아프기만 하여도 자유를 잃고 앉고 걷는 것이 불안하고, 먹고 자는 것이 지장을 받는다. 그러니 병마다 고통이 아닐 수 없다.

『삼국지』에도 나오는 큰 장군인 장비는 성질이 강하고 용맹하다. 장비가 제갈공명에게 "나는 아무것도 두렵지 않다."고 말하자, 제갈공명이 손바닥에 질병 '병(病)' 자를 써보이며 "이것도 두렵지 않느냐?"고 물었다. 그러자 장비는 재빨리 큰 소리로 말했다. "아아, 두렵죠. 병의 고통을 받으면 아무리 힘센 영웅이라도 어쩌지 못합니다."

우리가 병에 걸렸더라도 일심으로 염불하면 병의 고통에 흔들리지 않게 된다. 이렇게 하면 목숨을 마칠 때 백 가지 고통이 몰려오더라도 자연히 다스릴 수 있게 된다.

죽는 고통

경전에 이르기를 "인연이 화합하여 허망하게 생(生)이 있고, 인연이 허망하게 흩어져 멸(滅)이 있다."고 하였다. 태어난 사람은 반드시 죽는 법이다. 태어날 때는 지수화풍 사대를 빌려 몸을 만들고, 죽을 때는 그 사대가 흩어지는데 마치 살아있는 소의 껍질을 벗기는 것처럼 말할 수 없이 고통스럽다.

피부와 힘줄, 뼈는 지대(地大)이고, 진액과 정혈은 수대(水大)이며, 몸의 따뜻한 감촉은 화대(火大)이며, 코로 숨이 드나들고 손, 발이 움직이는 것은 풍대(風大)이다. 죽을 때는 풍대(風大)가 먼저 흩어지므로 코의 숨이 끊어지고 손, 발이 움직이지 못하며, 다음으로 화대(火大)가 흩어져서 몸이 차갑게 식는다. 세 번째로 수대(水大)가 흩어질 때 시신에서 진액이 흐르고, 오직 근골을 싸고 있는 피부의 지대(地大)만 남게 된다. 속담에 "백골산의 머리가 흙으로 변한다."는 것이 바로 이것이다.

　　죽음은 사람이라면 누구나 겪는 것이고, 피할 수 있는 사람은 아무도 없다. 아직 죽음에 이르지 않았을 때 잘 살펴보아야 한다. 세상에서 나고 죽는 것보다 더 큰 일은 없다. 황금이나 백옥 같은 재물로도 죽음을 막을 수 없고, 가족이 아무리 슬퍼하여도 더 살게 하지 못하고, 수백 명의 자녀가 있더라도 대신 죽지 못한다. 다른 사람의 죽음을 보고 내 마음이 불같이 뜨거워진다. 다른 사람의 일이지만 곧 나의 차례가 될 것이기 때문이다. 옛 사람이 말하였다.

붉고 흰 것을 서로 감추려고 하지 말라.
붉은 살을 한 진인(眞人)은 없네.
죽을 때는 개, 돼지의 모습보다 못하니,
이제 문득 죽은 시체가 되었구나.
紅紅白白莫相瞞 無位眞人赤肉團
死去不如猪狗相 卽今便作死尸看

　　개나 돼지가 죽으면 그 살을 사는 사람이 있지만, 사람이 죽고나면 누가 그 몸을 사겠는가?

사랑하는 사람과 이별하는 고통

　　　　　　　　세상의 사랑 중에 부모와 자식간의 사랑이나 부부 사이의 사랑보다 더한 것은 없다. 부모님과 배우자 그리고 자녀와 멀리 떨어지는 것이 가장 힘든 것이고, 사랑하는 사람은 항상 함께 모여 화목하기를 바란다.

　　모든 가족이 서로 화합하여 즐거움이 가득한데 원치 않는 이별을 하게 되면 마음은 마치 칼로 베는 듯 아프고 고통에 떨게 된다. 사랑한 만큼 고통스럽기 때문이다. 사람의 일이란 모였다가 흩어지는 것이다. 본래 영원한 것이 없으며, 모인 것은 반드시 흩어지는 것이니, 그것이 바로 고통이다. 옛 사람이 말하였다.

　　부모의 은혜가 아무리 깊어도 마침내 이별하고
　　부부의 의리가 아무리 소중해도 또한 헤어지네.
　　인생은 마치 새들이 한 숲에서 머물다가도
　　때가 되면 각자 길을 찾아 떠나는 것과 같구나.
　　父母恩深終有別, 夫妻義重也分離,
　　人生似鳥同林宿, 大限來時各自飛

미워하는 사람과 만나는 고통

　　　　　　　　　　어떤 사람을 원한이 맺히도록 증오하거나, 미워하고 싫어하는 것을 말하는 것이다. 그런 인연을 만나는 것은 모두 과거 전생에 지은 업의 영향이다. 그 과보가 무거울 때는 원수가 되고, 가벼울 때는 시기하고 미워한다. 이것은 모두 숙세의 업이 감응하는 것으로서 중한 것은 원수를 맺으며 가벼운 것은 싫어하고 시기한다.

　　　원한이 맺히거나 미워하는 사람과는 서로 멀리 떨어져서 만날 일이 없을 때는 고통스럽지 않다. 그러나 같이 있고 싶지 않고 만나기도 원하지 않지만, 업의 과보로 부모와 자식으로 만나거나 형제자매가 되거나 부부나 친구의 인연을 맺기도 한다. 원수와 미워하는 사람은 멀리 떨어져 있으면 고통은 자연히 없으며, 업력이 그렇게 만드는 것을 어찌 알겠는가? 같이 있고 싶지 않아 이별하고자 하나 도리어 만나서 혹은 부모와 자식의 인연이 되기도 하고, 혹은 형제가 되며, 혹은 부부, 친구 등이 되기도 한다. 원수가 되면 목숨을 요구하고 빚을 독촉하며, 미워하면서 정신을 자극한다.

　　　업이 자라고 인연이 성숙하여 모이게 되면 여기서 벗어날 방법이 없다. 마치 까마귀가 쓰디쓴 황련(黃蓮)을 먹고 쓰다는 소리도 못하고 고통스러워하는 것과 같다. 나장원(羅壯元)이 말하였다.

시시비비가 어느 날에 끝나며,
괴롭고 답답함이 언제 쉬어질까
是是非非何日了 煩煩惱惱幾時休

구하여도 얻지 못하는 고통

세상을 살면서 모든 것에 다 만족하며 사는 사람은 없다. 무엇이든 부족함을 느끼게 마련이고, 그 부족을 채우고자 구하고 바라는 것이 생겨난다. 원하는 것이 쉽게 이루어지면 만족하여 기뻐하지만, 뜻대로 이루어지지 않으면 애태우며 괴로워하는 마음이 커진다. 이와 같이 기뻐하거나 괴로워하는 마음은 미혹에서 벗어나지 못해 욕망에 끄달리기 때문이다. 부유하거나 가난하거나 혹은 무엇을 얻거나 잃는 것은 이미 정해진 일이니 마음을 내려놓아야 한다.

세상사 바쁘기는 강물이 흘러감 같으니
헛된 명예나 이익을 마음에 두지 말라.

거친 밥과 쓴 차 한 잔도 인연 따라 옮겨가니
부귀영화를 억지로 구하지 말라.
世事饶饶似水流 休將名利挂心頭
粗茶淡飯隨緣過 富貴榮華莫强求

오음이 치성하는 고통

인간 존재를 구성하는 색·수·상·행·식의 오온을 나라고 여겨 집착하기 때문에 생겨나는 고통이 있다. 육신에 집착하는 것, 감각의 느낌에 집착하는 것, 지각에 집착하는 것, 의지에 집착하는 것 그리고 의식에 집착하는 것이 그것이다.

앞에서 말한 일곱 가지는 고통을 종류별로 나눈 것이고, 이 여덟 번째는 모두 총괄하여 말하는 것이다. 간단히 말하면, 사람으로 태어나 겪는 세상살이가 모두 고통인 것이다. 그러니 어떻게 염불을 하지 않을 수 있겠는가?

지금까지 살펴본 여덟 가지 고통은 사람이라면 누구나 겪는 것이니, 지혜롭거나 어리석거나 현명하거나 간에 피할 방법이 없다. 천 명의 사람이 겪는 천 가지 일이 모두 고통이니, 하나라도 같은 고통이 없다. 그런데도, 염불하면서 내생의 복락을 구하는 것은 다시 사람으로 태어나 괴로움을 겪겠다는 것이니 참으로 어리석은 일이다.

염불수행자는 원을 세울 때 반드시 서방극락정토에 왕생하여 참된 이고득락을 구해야 할 것이다. 아미타 부처님의 서방극락정토는 고통은 전혀 없고 오직 온갖 즐거움만 받으니, 다른 어떤 불국토보다 뛰어나다.

염불수행자는 다음 생에 다시 사람의 몸을 받아서 복을 누리기를 원하지 말아야 하며, 또한 천상세계에 나서 즐거움 받기를 원하지도 말아야 한다. 천상세계에 나더라도 영원한 것이 아니어서 그 과보가 다하면 여섯 갈래 윤회의 길에 다시 떨어지기 때문이다.

팔만 겁이 모두 허망하며
삼천대천세계가 모두 몰락을 따르네.
八萬劫總是空亡 三千界悉從淪沒

영가(永嘉) 선사(禪師)께서 이르기를, "보시를 행하며 계를 지키면 하늘세계에 태어나는 복을 낳는다. 그러나 이것은 마치 허공에 쏜 화살이 힘이 다하면 다시 땅으로 떨어지는 것과 같다. 그 복이 다하면 하늘세계를 떠나게 되는데 그 다음 생은 사람의 뜻대로 되지 않는다."

그러므로 마땅히 알아야 한다. 염불수행자가 서방극락정토에 왕생하기를 발원하더라도 적은 선근으로는 안 되며, 많은 복덕이 있어야 왕생할 수 있다고『아미타경』에서 말씀하신다.

성암(省庵) 대사께서 이르기를 "아무리 많은 복을 닦더라도, 아미타 부처님의 명호를 확고히 새기는 것보다 못하고, 아무리 많은 선행을 짓더라도 자비희사(慈悲喜捨)의 네 가지 무량한 마음을 내는 것보다 못하다. 잠시라도 부처님의 명호를 온 마음을 다해 일컫는 것이 100년 동안의 보시보다 낫고, 네 가지 무량한 마음을 내면 여러 겁의 수행보다 낫다. 본래 염불은 미래세에 부처님이 되리라는 약속과 같은데, 이런 마음을 내지 않고 하는 염불이 무슨 소용이 있겠는가? 발심도 수행이거늘, 정토에 왕생하지 않으면 비록 발심하더라도 퇴보하기 쉽다. 깨달음으로 종자를 삼고, 염불을 쟁기 삼아 일구면, 도의 열매는 자연히 자라나니, 큰 서원의 배를 타고 정토의 바다에 들면 서방극락세계에 반드시 왕생하리라."

◉

　그러므로 염불수행자는 천상세계나 인간세계에서 복락을 구하지 말라. 한번 먹고 입는 것과 진귀한 보배 구슬을 서로 바꾸는 것처럼 애석한 일이다. 극락정토 왕생이 바로 진귀한 보배 구슬이다. 『아미타경』에서 석가모니 부처님께서 간곡하게 권고하시며 "어떤 중생이라도 내 말을 들은 이는 극락정토에 나기를 간절히 발원해야 한다."라고 말씀하셨다.

번뇌를 끊어 제거하는 덤불

번뇌의 해로움은 막대하게 크다. 모든 번뇌의 뿌리가 되는 근본번뇌가 있고, 이것에 의해 지말번뇌가 일어난다. 근본번뇌와 지말번뇌가 서로 어우러져서 생겨나는 번뇌의 수는 무량하여 셀 수가 없다. 세상 사람 가운데에는 번뇌를 잘못 이해하는 이가 많다. 역경을 만나면 마음이 괴롭지 않을 때만 번뇌라고 하면서, 사실 번뇌라는 것이 거칠고 미세한 미혹심을 총칭하는 이름이라는 것을 모른다.

탐심(貪心), 진심(瞋心), 치심(痴心), 의심(疑心), 만심(慢心), 사견심(邪見心)은 여섯 가지의 근본번뇌이며, 이 근본번뇌에서 모든 지엽적인 번뇌가 일어난다. 해태심(懈怠心), 방일심(放逸心), 혼침심(昏沈心), 산란심(散亂心), 무참심(無慚心), 무괴심(無愧心), 아첨하는 마음(諂曲心), 질투심(嫉妬心) 등은 모두 지말번뇌이다. 번뇌에는 모두 팔만 사천 가지의 번뇌가 있다. 이와 같이 어둡고 산란한 법으로서 능히 중생의 참된 성품을 어지럽히므로 번뇌라고 이름하는 것이다.

바로 이 번뇌가 고의 원인이고, 생사는 고의 결과이다. 고의 원인을 끊지 못하면 고의 결과 즉 생사에서 결코 벗어날 수 없다. 모든 중생은 번뇌(煩惱)에 의하여 갖가지의 업을 짓고, 이것으로 말미암아 생사의 과보를 초래한다.

따라서 발심수행은 바로 번뇌를 끊어 생사를 마치는 것이다. 번뇌는 중생의 마음 안에 생기는 병이다. 중생의 바깥 몸에 병이 있으면 의사를 청하여 각종 약으로 치료하면 나을 수 있다. 그러나 오직 번뇌라는 마음의 병은 의사도 속수무책이며, 어떤 약도 전혀 효력이 없다. 오직 의왕(醫王)이신 우리 부처님께서 말씀하신 염불법약(念佛法藥)이 번뇌의 마음병을 고칠 수 있을 뿐이다.

아집번뇌

비록 번뇌의 수가 셀 수 없이 많지만, 크게 두 가지로 나눌 수 있다. 하나는 아집번뇌이고 다른 하나는 법집번뇌이다. 삼계의 육도를 윤회하는 중생은 이 두 가지 아집번뇌와 법집번뇌를 다 가지고 있다.

무엇을 아집번뇌(我執煩惱)라고 하는가? 모든 중생은 제법(諸法)이 무아(無我)임을 모르고, 자신의 육신에 집착하여 그 육신이 실제의 자기라고 생각한다. 그러나 이 육신과 몸은 모두 오온이 모여 이루어진 것인데 어디에서 실재 존재하는 '나'가 있겠는가?

　먼저 바깥의 몸을 살펴보아도 거기에는 '나'가 없다. 바깥의 몸은 색음(色陰)에 속하며, 지·수·화·풍 사대의 색법(色法)이 가화합하여 존재하는 것이다. 피부와 살, 뼈는 지대(地大)에 속하고, 침과 눈물, 정혈은 수대(水大)에 속하고, 몸의 따뜻한 열기는 화대(火大)에 속하고, 호흡의 출입과 일체의 움직이는 것은 풍대(風大)에 속한다. 바깥 몸에서 사대가 무엇인지는 분명히 가리킬 수 있지만, 이 사대를 제거하고 나면 도대체 무엇이 '나'인가?

　다음으로 안의 마음을 분석하여도 거기에는 '나'가 없다. 안의 마음은 수·상·행·식으로 오온에 속한다. 이 네 가지 온은 자세히 살펴보면 여덟 개의 식[八識]을 벗어날 수 없다. 앞의 5식은 눈·귀·코·혀·몸의 바깥 경계를 받아들이는데 이것은 수온(受蘊)이다. 제6식은 마음 속에서 일어나는 대상을 받아들이는데 이것은 상온(想蘊)이다. 제7식은 생각과 생각이 흘러가는데 이것은 행온(行蘊)이다. 제8식은 수명을 굳게 지키고 있는데 이것은 식온(識蘊)이다. 여덟 가지 식의 경계가 이렇게 분명한데, 안의 마음에서 이 여덟 가지 식을 빼고 나면 과연 '나'라고 할 수 있는 것이 무엇인가?

지금 현재의 몸과 마음을 아무리 자세히 살펴보아도 그 어디에도 '나'를 찾을 수 없다. 다시 부모가 나를 낳기 이전의 과거를 따라가 보자. 만약 그때에 '나'가 있다면 '나'는 도대체 어디에 있는가? 다시 미래에 눈빛이 어두워지며 목숨이 끝난 뒤를 생각해보자. 만약 그때에 '나'가 있다면 '나'는 어떠한 모습으로 있는가?

과거·현재·미래 어디에서 '나'를 찾아봐도 '나'를 찾지 못한다. 중생이 이와 같은 무아(無我)의 이치를 깨닫지 못했기 때문에, 몸과 마음에 헛되이 집착하여 '나'라는 것이 실재한다고 생각하는 것이 아집번뇌이다. 이것은 아공(我空)의 진리를 깨닫지 못하도록 가로막는 것으로 마음의 첫 번째 큰 병이다.

법집번뇌

무엇을 법집번뇌(法執煩惱)라고 하는가? 중생들이 현상계의 여러 가지 물질과 심적 현상에 집착하여 실제로 존재한다고 잘못 생각하는 것이다. 마치 허공의 꽃과 같고, 꿈속의 일과 같아서 실체가 전혀 없는 것을 모른다. 허공에는 원래 꽃이 있을 수 없는데 눈에 병이 들어서 잘못 보이는 것을 알아야 한다. 꿈속에 경험하는 일은 잠든 동안에 망녕되게 나타나는 것으로 진실한 것이 아님을 알아야 한다. 우리가 사는 세상의 모든 것들도 또한 이와 같다. 『금강경』에 이르기를 "무릇 모든 상은 다 허망하다(凡所有相 皆是虛妄)."라고 하였다. 중생이 겉모양에 미혹되어 집착하기 때문에 실지로 존재한다고 생각하는 것이 법집번뇌이다. 이것은 법공(法空)의 진리를 깨닫지 못하도록 가로막는 것으로 마음의 두 번째 큰 병이다.

중생이 집착하는 아집(我執)과 법집(法執) 두 가지의 번뇌는 모두 허망한 상념으로부터 분별되어 나온 것이다. 만약 이 번뇌를 다스릴 수 있는 방편법이 없다면 이 두 번뇌는 끝내 끊지 못할 것이다.

그러므로 석가여래께서 중생의 근기를 살펴 아미타 부처님의 명호를 칭념하는 염불법문을 설하신 것이다. 염불 일념으로 온갖 상념이 제거된다. 망념이 제거되면 번뇌는 저절로 끊어진다. 부처님 명호 한 구절은 금강왕의 보검과 같고, 번뇌 망념은 도적에 비유할 수 있다. 마치 도적이 올 때 보검을 들면 도적이 스스로 물러나는 것과 같다. 염불법문도 이와 같다. 탐욕의 번뇌가 일어날 때 일심으로 염불하면 탐욕의 마음이 저절로 쉬어진다. 분노와 어리석음이 일어날 때도 마찬가지이다. 오로지 아미타 부처님의 명호를 염하여 일심불란(一心不亂)하면 모든 번뇌는 저절로 끊어져서 깨끗하게 된다.

아가타 약과 같은 염불

세상 사람 가운데에는 염불법문을 믿지 못하는 사람이 많다. 모두들 "아미타 부처님의 명호 한 구절을 염하는 것이 무슨 쓸모가 있겠느냐?"고 말한다. 그들은 한 구절의 아미타 부처님의 명호라도 불가사의한 신통력이 있어 능히 모든 번뇌의 마음 병을 고칠 수 있음을 알지 못하기 때문이다. 마치 아가타(阿伽陀) 약과 같아서 모든 병을 고칠 수 있다. 세간의 약도 그 효험이 뛰어나서 많은 병을 치료하는데 하물며 온갖 덕을 갖추신 부처님의 명호를 염하는 것이 어찌 이익이 없겠는가?

나는 역경을 당하여 마음에 번뇌가 일어날 때마다 경행염불(經行念佛) 즉 걸으면서 염불을 한다. 네 걸음에 부처님 명호를 한 번 부르고, 돌면서 다시 반복한다. 몇 번을 돌면서 염불하다 보면 점점 마음이 청량해지고 뜨거운 번뇌가 저절로 쉬어지는 것이 느껴진다. 또 일이 많아 마음이 어지러워서 깊은 잠을 이루지 못할 때도 오로지 부처님 명호를 칭념하면, 곧 마음이 안정되어 스르르 잠에 빠져들고 꿈도 꾸지 않고 편안히 잔다.

그리고 사경할 때 한 글자에 명호 한 구절을 염하면 정신이 흐트러지지 않고 망념이 일어나지 않으며, 또한 사경을 오래 해도 피로를 느끼지 않는다. 그래서 늘 제자들에게 사경염불(寫經念佛)을 권하는데, 내 가르침대로 하는 이는 거의 지치지 않았다. 더욱이 사경염불을 계속하면 염불 수행이 진전되어 진실을 수용하여 번뇌가 적게 일어난다.

그러므로 모두 염불법문을 믿고 행하면 막대한 공덕과 효능이 있다. 사람마다 염불수행법을 믿어서 끊어지지 않고 온 마음을 다해 명호를 칭념하면 마음이 공(空)하고 경계가 적연(寂然)한 경지에 이르게 되어, 번뇌는 자연히 생기지 않게 된다.

참된 즐거움을 구하여 탐욕을 제거하다

또 어떤 사람은 "염불하여 서방정

토에 나기를 구하는 것은 극락세계의 즐거움을 탐(貪)하는 것이다. 이것은 탐심으로 하는 것인데, 탐심은 근본번뇌 중에서 첫 번째의 번뇌가 아닌가? 탐심을 제거하지 못한다면 어찌 염불하여 번뇌를 끊을 수 있겠는가?"라고 말한다.

탐한다는 말은 비록 같지만 탐하는 대상은 같지 않다. 세상 사람이 세간의 헛된 즐거움을 탐착하면 그 즐거움은 반드시 괴로움을 초래한다. 이와 같은 탐착은 생사윤회를 일으키는 근본이다. 그러나 염불하여 극락정토의 즐거움을 탐하여 구하면 그 즐거움은 괴로움을 떠날 수 있게 한다. 이러한 탐은 해탈법이 된다. 우리 부처님께서 염불을 가르친 것은 바로 근기에 맞는 가르침이다.

중생은 세간의 색(色)·성(聲)·향(香)·미(味)·촉(觸) 다섯 가지 헛된 경계를 탐하여 생각마다 그것을 버리지 못하고, 괴로움을 즐거움으로 삼고 있다. 그러므로 사람들로 하여금 생각생각에 염불하여 사바세계를 벗어나 정토에 나기를 구하여 극락세계의 즐거움을 누리게 하였다. 이것은 곧 참된 즐거움인 것이다.

부처님께서 우리들이 염불수행으로 정토왕생을 구하여 이고득락(離苦得樂)하게 하신 것은 중생이 고통을 싫어하고 즐거움을 탐하는 마음과 부합한다. 또한 이것은 곧 탐하는 마음으로써 탐심을 그치게 하는 방법이며, 극락을 구하는 하나의 탐심으로써 속세를 탐하는 모든 탐욕을 제거하게 한 것이다. 만약 이러한 탐하는 마음이 없으면 모든 탐욕을 일시에 없애버릴 길이 없다. 비유하면 고요하게 하는 소리와 같다. 만약 이 소리가 없으면 다른 모든 소리를 막을 수 없다. 예를 들면 사람들이 많이 모여서 떠들썩하고 혼잡스러울 때 어떤 한 사람이 "모두들 조용히 하시오!" 하고 큰 소리로 고함을 치면 순식간에 다른 모든 소리가 그치는 것과 같다.

극락을 탐하여 구하는 것도 이와 같다. 이러한 탐심은 손해가 없으며 큰 이익이 있다. 내가 평소 숲속의 청정한 누각을 보면 그 누각을 원하는 마음이 생기는데, 그럴 때 곧바로 마음을 돌려 서방극락세계의 보배 숲과 칠보로 된 누각의 뛰어남을 염한다. 그러면서 숲속의 누각을 탐할 필요 없이 빨리 일심으로 염불하여 극락정토에 나기를 구하는 것이다.

그리고 좋은 소리를 들으면 즉시 극락의 보배 숲에서 나오는 미묘한 음악을 염한다. 비유하면 백 천의 즐거움이 동시에 갖춰진 음악을 염하는 것이다. 또는 좋은 향이 피어나면 즉시 극락의 보배 연꽃 숲에서 향기로운 바람이 하루 종일 불어오는 것을 염한다. 혹은 맛있는 음식과 좋은 옷을 보면, 옷을 생각하면 즉시 옷을 얻고 음식을 생각하면 그 즉시 음식을 얻게 되는 서방극락세계의 미묘함을 염한다.

그러므로 색·성·향·미·촉의 다섯 가지 헛된 경계를 대할 경우 서방극락의 뛰어난 경계로 바꾸어 염하면 탐하는 마음이 점점 없어진다.

그러면 이제 사바세계를 한번 상세하게 살펴보자. 사바세계는 온갖 괴로움이 있어 참으로 싫어해야 할 것이고 탐할 만한 것은 하나도 없다. 수행으로 말하면, 사바세계는 닦기 어렵고 극락세계는 나아가기가 쉽다. 두 세계의 괴로움과 즐거움을 간략하게 열 가지만 서로 비교해보자.

1. 사바세계는 항상 부처님을 만나지 못하는 괴로움이 있으며, 극락세계는 연꽃 위에서 항상 부처님을 가까이서 뵈올 수 있는 즐거움이 있다.

2. 사바세계는 부처님의 가르침을 듣기 어려운 괴로움이 있고, 극락세계는 숲 속의 새들도 모두 부처님의 미묘한 법문을 노래하는 즐거움이 있다.

3. 사바세계는 악한 벗이 끈덕지게 따라붙는 괴로움이 있으며, 극락세계는 모든 뛰어난 아비발치 보살들이 한 곳에 모여

있는 즐거움이 있다.

4. 사바세계는 온갖 마가 어지럽게 하는 괴로움이 있으나, 극락세계는 여러 부처님이 호념하여 마에서 멀리 떠나는 즐거움이 있다.

5. 사바세계는 윤회가 그치지 않는 괴로움이 있으나, 극락세계는 횡(橫)으로 생사를 끊고 영원히 윤회에서 벗어나는 즐거움이 있다.

6. 사바세계는 삼악도를 면하기 어려운 괴로움이 있으나, 극락세계는 영원히 악도를 떠나 그 이름조차 듣지 못하는 즐거움이 있다.

7. 사바세계는 세상의 인연이 도를 장애하는 괴로움이 있으나, 극락세계는 수용함이 자재하여 경영을 기다리지 않는 즐거움이 있다.

8. 사바세계는 수명이 단축되는 괴로움이 있으나, 극락세계는 부처님과 같이 무량한 수명을 갖는 즐거움이 있다.

9. 사바세계는 수행하여도 퇴보하는 괴로움이 있으나, 극락세계는 정정취에 들어가 영원히 퇴전함이 없는 즐거움이 있다.

10. 사바세계는 불도(佛道)를 이루기 어려운 괴로움이 있으

나, 극락세계는 일생보처(一生補處)로서 속히 깨달음을 증득하는 즐거움이 있다.

지금까지 살펴본 것처럼, 극락왕생을 탐하여 구하는 것은 크게 탐하는 것이다. 즉 이 한 번의 탐으로 인하여 모든 번뇌의 마음 병을 끊을 수 있다. 사람들이 모두 극락왕생을 탐하여 구하게 되면 사바세계의 헛된 욕망을 자연히 탐착하지 않게 된다. 비록 탐심이라는 말은 같지만 똑같다고 할 수 없는 것이다.
나는 일찍이 염불수행을 권하는 게송을 지은 적이 있다.

백 년의 세월을 얼마나 살 수 있는가.
그대에게 권하노니 빨리 아미타불을 염하라.
오락의 사바세계를 탐하지 말지니
극락 연꽃세계가 참으로 수승하니라.
百歲光陰能幾何 勸君及早念彌陀
莫貪五濁娑婆界 極樂蓮邦勝得多

생사윤회에서 빨리 벗어나는 길

사람으로 태어나 세상에서 겪는 고통 가운데 나고 죽는 고통보다 더 심한 것은 없다. 태어남이 있으므로 몸이 있고, 몸이 있으므로 온갖 고통이 모여든다.

노자(老子)가 말하길 "나에게 큰 근심이 하나 있는데, 그것은 나에게 몸이 있기 때문이다. 만약 나에게 몸이 없으면 다시 무엇을 근심하겠는가?"라고 하였고, 부처님께서 말씀하시길 "몸은 온갖 고통의 근본이다."라고 하셨다.

이 몸이 곧 생사의 괴로운 과보이다. 무량겁 이래로 몸을 버리고 몸을 받으면서 얼마나 많은 생사를 겪었는지 모른다. 여섯 갈래 길을 따라 윤회하면서 과보에 따라 형상을 바꾸었다. 삼악도에 들어갔다가 나왔다가 하면서 벗어날 길이 없었다. 이제 사람의 몸을 얻었으니 모름지기 용맹스럽게 반성하여 과거의 잘못을 답습하지 말고 이 생을 헛되이 저버리지 말아야 한다.

수행하기 가장 좋은 인간세상

　　　　　　　　　　옛 성현이 이르기를 "금생에 이 몸을 제도하지 못하면, 다시 어느 생에 이 몸을 제도할까!"라고 하였다. 이 몸을 제도하려면 마땅히 수행의 힘을 빌려야 한다. 육도 가운데 인간계를 제외한 나머지 세계는 수행하기 어렵다.

　　첫째로 천도(天道)가 있다. 천상세계는 즐거움에 집착하여 색·성·향·미·촉 다섯 가지 헛된 욕망이 뛰어나서 그러한 경계에 미혹되어 수행할 생각이 일어나지 않는다. 마치 사바세계의 부유하고 존귀한 사람이 수행이라는 말을 듣기 좋아하지 않는 것과 같다. 둘째로 아수라도(阿修羅道)가 있다. 아수라는 분노하는 마음이 매우 강하여 싸우기를 좋아하므로 수행하려고 하지 않는다. 셋째가 지옥도(地獄道)이다. 지옥은 중생이 지은 악업에 따라 죄를 받으므로 너무 고통스러워 신식(神識)이 혼미하여 수행할 수가 없다. 넷째로 아귀도(餓鬼道)의 아귀는 배고픔과 목마름의 고통이 교차하여 음식을 구하려고 부르짖으므로 수행할 수 없다. 다섯째가 축생도(畜生道)이다. 축생은 그 성품이 어리석어서 단지 먹고 잠자는 것만 알고 수행을 모른다.

　　배상국(裵相國)이 말하기를 "마음을 가지런히 하여 깨달음(菩提)으로 나아가는 것은 오직 인간세상에서 할 수 있을 뿐이다."라고 하였다.

　　우리들이 이렇게 사람의 몸을 얻었을 때 삶을 헛되이 보내고 수행하지 않는다면 생사의 윤회를 언제쯤 마치게 될 것인가?

　　생사에는 두 가지가 있다. 하나는 분단생사(分段生死)이다. 간단히 말하면 몸의 형상에는 크고, 작고, 길고, 짧음이 있는데, 이와 같이 한계가 있는 몸을 받는 생사를 말한다.

　　다른 하나는 변역생사(變易生死)이다. 간단히 말하면 마음은 생(生)·주(住)·이(異)·멸(滅)하면서 끊임없이 변화하는데, 이것 또한 생사에 속한다.

　　삼계 안의 육도 중생은 이 두 가지 생사를 모두 받지만, 삼계 밖의 삼승(三乘)의 성인은 분단생사는 없고 변역생사만 받는다. 분단생사도 변역생사도 없는 이는 오직 부처님 한 분뿐이다. 생사는 번뇌로 인해서 생겨난 것임을 알아야 한다. 부처님은 번뇌를 깨달음으로 바꾸어 생사를 마치고 열반을 증득하셨기 때문에 생사에서 벗어나셨다.

종(縱)으로 벗어나기는 어렵지만

　　　　　　　　삼계 안의 모든 중생은 생사를 벗

어나려고 한다. 종(縱)으로 즉 수직으로 삼계를 벗어나는 것은 어려우나, 횡(橫)으로 즉 수평으로 삼계를 뛰어넘는 것은 쉽다. 무엇 때문에 수직으로 삼계를 벗어나는 것은 어렵다고 하는가? 그것은 세상 사람이 만약 '아홉 가지 차례로 닦는 정[九次第定]' 을 닦아 하나의 선정에서 다른 선정으로 들어가면서 차례로 올라가는 것이다.

먼저 색계에서 선정 수행을 할 때, 초선에서 이희락정(離喜樂定), 이선에서 정생희락정(定生喜樂定), 삼선에서 이희묘락정(離喜妙樂定), 사선에서 사념청정정(捨念淸淨定)을 닦고, 다시 무색계에서는 공무변처정(空無邊處定), 식무변처정(識無邊處定), 무소유처정(無所有處定), 비상비비상처정(非想非非想處定)을 순서대로 닦는다.

이 여덟 가지 선정은 세간의 유루의 선정이다. 만약 아홉 번째의 멸진정(滅盡定)을 얻지 못하면 삼계의 생사를 벗어날 수 없다. 멸진정은 무루(無漏)의 선정이다. 이 아홉 가지의 선정은 순차적으로 올라가는 것이며 한꺼번에 뛰어넘을 수 없다. 그러므로 구차제정(九次第定)이라 이름한다.

무량한 세월 동안 수행하여 이 아홉 가지의 선정이 완성되어야 비로소 종(縱)으로 즉 수직으로 삼계를 벗어나 아라한과를 얻을 수 있다. 만약 앞의 여덟 가지 선정만 얻고, 마지막 아홉 번째 선정에 들지 못하면 끝내 생사를 벗어날 수 없다.

　　　마치 울두람불(鬱頭藍弗) 선인이 수행하여 비상비비상처정(非想非非想處定)에 이르렀으나 하늘의 과보가 다하여 다시 살쾡이의 몸으로 떨어진 것과 같은 것이다. 그러므로 종(縱)으로 삼계를 벗어나는 것은 어렵다고 하는 것이다.

횡(橫)으로 뛰어넘기는 쉬우니

　　　　　　　　　그러면 무엇 때문에 횡(橫)으로 즉 수평으로 생사를 뛰어넘는 것은 쉽다고 하는가? 바로 염불법문의 극락왕생의 길이 있기 때문이다. 극락세계와 사바세계는 같은 찰종(刹種)에 함께 있다. 이 찰종은 모두 20개의 층이 있는데, 사바와 극락은 13번째 층에 같이 위치하고 있다. 『아미타경』에 이르기를 "여기서 서쪽으로 10만억 불국토를 지나면 한 세계가 있는데 그 이름을 극락이라 한다."고 하였다.

　　　이것은 횡으로 즉 평행하게 지나가는 것이다. 사바세계의 중생이 염불 수행의 공덕으로 서방극락에 왕생하는 것은 곧 횡으로 삼계를 뛰어넘는 것(橫超三界)이다. 그러면 생사윤회를 빨리 벗어나며 문득 세 가지 불퇴를 증득하고, 수명이 부처님과 같이 무량무변한 아승지 겁이 된다. 극락세계의 연꽃에 화생하는 것이 최후로 받는 몸이며, 다시 생사윤회를 받지 않는다. 대승보살의 원력으로 다시 사바세계에 돌아와 세간에 들어가 중생을 이롭게 하는 것, 즉 각자의 본원(本願)을 따르는 것을 제외하고는 업에 따라 생을 받지 않는다. 염불수행자가 한 마음으로 정토왕생의 공덕을 성취하여 평생에 해야 할 일을 다 하는 것이다.

　종(縱)으로 삼계를 벗어나는 것은 마치 개미가 높은 산을 오르는 것과 같지만, 횡(橫)으로 삼계를 초월하는 것은 마치 돛단배가 순조롭게 물 위를 가는 것과 같다. 비유를 들면 이렇다. 죽순 속에 애벌레 한 마리가 들어앉아 있었다. 시간이 지나 죽순이 대나무로 자라나는 동안 애벌레도 자라서 대나무 밖으로 나가려고 애쓰고 있었다. 만약 그 벌레가 위로 올라가려고 대나무의 마디를 물어뜯어 구멍을 내면 다시 그 위에 마디가 있다. 그 마디를 뜯어서 구멍을 내면 계속해서 그 위에 마디가 있어서, 아무리 열심히 노력해도 대나무 끝에 도달하기 전에 죽고 마는 것과 같다.

　이것이 바로 중생이 구차제정을 닦아 종으로 생사에서 벗어나려 하는 것이다. 그런데 만약 대나무 옆에 구멍을 내게 되면 구멍이 뚫리자마자 바로 대나무에서 벗어날 수 있다. 이것은 중생이 일념으로 염불수행을 하여 횡으로 생사를 초월하는 것이다.

임종시에 정념(正念)을 유지하라

　　　　　　　　　　　이 두 가지 방법의 쉽고 어려움은 하늘과 땅만큼 차이가 크다. 염불법문은 횡으로 삼계를 초월하여 속히 생사윤회를 마칠 수 있지만, 임종에 이르렀을 때가 가장 큰 난관이다.

　　평소에 깊은 믿음과 간절한 발원으로 진실하게 염불수행을 하면, 이(理)의 일심불란(一心不亂)을 얻거나, 또는 사(事)의 일심불란을 얻게 된다. 그러면, 때가 이르렀을 때 스스로 알게 되고, 정념(正念)이 분명해지고, 어떤 경계나 인연도 가로막지 못하고, 평안히 왕생하게 된다. 마치 손가락 튕기는 사이에 선정에 들어가는 것처럼 그렇게 보배연꽃에 의탁하여 무거운 업의 짐은 세상에 벗어두고 그 정신은 극락정토에 깃들며, 세 가지 불퇴를 원만하게 증득한다.

　　비록 믿음과 발원, 수행의 세 가지 자량을 갖추었지만 아직 일심불란을 얻지 못했다면, 마땅히 조념염불(助念念佛)로 정념(正念)을 유지하도록 해야 한다. 임종에 다다랐을 때 갖가지 복잡한 일과 얽힌 인연이 염불수행자의 마음을 어지럽힐 수 있다. 그러면 정념을 유지하지 못하게 되어 정토왕생이 어렵게 된다. 이때는 수행을 함께 해온 도반과 가족들이 이러한 이치를 분명히 알고 그를 도와주는 조념염불을 해주어야 한다.

그러므로, 재가 수행자로서 정토왕생에 뜻을 두고 일생 동안 염불에 정진하였다면, 미리 집안의 여러 가지 일은 세세한 것까지 안배하여 분명하게 맡겨두는 것이 좋다. 그러면 임종에 다다랐을 때 번잡한 일들이 장애가 되지 않을 것이다.

이와 함께 가족들에는 집안 일이나 기타 여러 가지 일로 마음을 흩트리지 말고, 다 같이 조념염불을 해 줄 것을 간곡히 부탁하는 것이 좋다. 더불어, 임종 자리에서 가족들이 슬픔을 못 이겨 울음을 터트리며 염불수행자의 마음을 어지럽히지 않도록 한다. 임종 자리에서는 일념이라도 어긋나면 정토에 왕생하기 어렵다. 이것은 중요한 문제이므로 절대 소홀해서는 안 된다. 가족들은 반드시 잘 알고 있어야 한다. 떠나려는 이가 정념을 유지하고 있어야 마침내 도를 이룰 수 있고 또한 이것을 돕는 것이 진정한 효도이며 사랑임을 분명히 알아야 한다.

극락정토의 왕생을 구하면서 일생 동안 정진하는 염불수행자의 공덕은 바로 임종의 순간에 있다는 것을 알아야 한다. 바야흐로 임종에 다다랐을 때 성인과 범부로 나뉜다. 이때 만 가지 인연을 놓아버려서 추호라도 마음에 걸리지 않도록 해야 한다. 일심으로 아미타 부처님의 명호를 염하여 부처님의 영접을 받아서 상품연대에 왕생하기를 구해야 한다.

　　정념(正念)이 분명하면 응당 왕생하게 된다. 팔을 한 번 굽혔다 펴는 것처럼 빠르고 쉽게 순식간에 오탁세계를 떠나 극락세계의 연꽃 연못에 도달한다.

계정혜 삼학을 모두 갖춘 염불

염불수행에는 실상염불(實相念佛), 관상염불(觀想念佛), 관상염불(觀像念佛), 지명염불(持名念佛)의 네 가지 종류가 있다.

실상염불(實相念佛)

첫 번째가 실상염불(實相念佛)이다. 이것은 실상(實相)의 이법(理法)에 의하여 법신불(法身佛)을 염하는 것이다. 부처님의 법신은 청정하고, 마치 허공과 같이 모든 곳에 두루 계시며, 실제로 눈에 보이는 형상이 아니다. 본래 염하는 마음도 없고, 염해지는 부처도 없으니, 주관도 객관도 모두 없다. 마음과 부처가 둘이 아니니, 마음이 곧 부처이고 부처가 곧 마음이다.

만약 실상의 부처님을 염한다면, 염함이 없이 염하는 것이며(無念而念), 염하여도 염함이 없으며(念而無念), 일심불란(一心不亂)하여 담연히 상주한다. 이와 같이 이법(理法)에 따라 염불하는 것이 실상염불이다.

주굉(袾宏) 연지(蓮池) 대사가 말하길 "염불이 공하여 참된 염불[眞念]이 되어 무생(無生)에 들어가면 염불은 즉 염심(念心)이 되며, 저 곳에 왕생함이 이곳을 떠나지 않으며, 마음과 부처와 중생이 하나가 되어 흐르며 어느 쪽 언덕에도 머물지 않는다."라고 하였다.

또한 옛 성현이 이르기를,

한 구절 아미타 염불 오십 년에
분명하게 땅을 파고 푸른 하늘을 정벌했네.
이제 참된 소식 얻으니 좋기도 하구나,
깊은 밤 종소리가 객선(客船)에 이르렀네.
一句彌陀五十年 分明掘地討靑天
而今好个眞消息 夜半鐘聲到客船

라고 하였다. 이것은 모두 이법에 의지하는 염불수행을 밝힌 것이다.

관상염불(觀想念佛)

두 번째는 관상염불로 『불설관무량수불경(佛說觀無量壽佛經)』에 자세히 설명하고 있다. 마가다국의 왕비 위제희 부인이 오역죄를 저지를 아들을 낳았는데 아사세(阿闍世)라고 이름하였다. 그는 제바달다의 가르침을 따라 아버지의 왕위를 빼앗고, 일곱 겹으로 둘러싼 어두운 감옥에 부친인 빈비사라왕을 유폐하였다.

그리고는 대신들이 왕을 만나지 못하게 막아서 왕을 굶겨 죽이려 했다. 위제희 부인이 우유와 꿀과 포도즙을 몸에 지니고 면회를 가서 왕이 먹게 하였다. 21일이 지나 아사세 왕이 감옥을 지키는 신하에게 "늙은 왕은 아직 살아 있는가?"라고 물었다. 아직 살아있다는 말을 듣고, 누가 먹을 것을 보내주는가 다시 물었다. 신하가 말하길 "위제희 부인이 먹을 것과 마실 것을 가지고 오며, 늘 목련 존자와 부루나 존자가 공중으로 날아와 왕을 위해 설법을 하는데 막을 길이 없습니다."라고 하였다.

이 말을 듣고 화가 난 아사세 왕은 칼을 들고 가서 어머니를 죽이려 했다. 신하인 월광과 주치의인 기바가 죽음을 무릅쓰며 왕을 막았다. 그러자 왕은 두려워서 감히 어머니를 죽이지 못하고 다만 어머니를 궁궐의 어두운 골방에 가두고 나오지 못하게 하였다.

　　골방에 갇힌 위제희 부인은 하염없이 눈물을 흘리며 기사굴산에 계신 석가모니 부처님을 향해서 꿇어앉았다. 간절한 마음으로 예를 올리며 부처님의 설법을 듣게 해 달라고 간청했다. 그러자 부처님은 즉시 허공 가운데 몸을 드러내셨다. 부인은 애통해하며 간절한 마음으로 부처님께 예배하고 발원하였다.

　　내생에는 탁하고 악한 사바세계에 태어나지 않고, 청정한 부처님 세계에 나기를 원하였다. 부처님께서는 즉시 위신력으로 시방의 청정한 불국토를 두루 나타내 보이시며 부인에게 선택하도록 하셨다. 위제희 부인은 청정하고 장엄한 서방극락세계를 선택하여 그 세계에 나기를 원했다.

　　부처님은 즉시 열여섯 가지의 관상(觀像) 방법을 설하였다. 법계심(法界心)에 의지하여 법계의 경계를 관(觀)하여 정토왕생을 구한다. 관하는 방법이 미묘하므로 수행하기가 쉽지 않다. 그러나 들끓는 번뇌의 마음을 잘 다스려서 마음이 한 곳에 머물도록 하는 방법이다.

　　먼저 서쪽으로 지는 해를 관하며 일념(一念)에 들어 서방극락세계를 생각하는 것이다. 두 번째로 고요한 물을 관하며 일념에 들어 서방극락세계를 생각한다. 세 번째로 보배로 된 땅을 관하고, 네 번째로 보배로 꾸민 나무를 관하고, 다섯 번째로 보배로 만든 연못을, 여섯 번째로 보배로 세운 누각을, 일곱 번째로 일곱 가지 보배로 만든 극락의 연꽃을 관하고, 여덟 번째로 아미타 부처님과 좌우 보처인 관세음보살과 대세지보살을 관하여 일념에 들어 그 세계를 생각한다. 아홉 번째로 아미타 부처님의 형상과 공덕상을 관하고, 열 번째로 관세음보살의 형상과 공덕상을, 열한 번째로 대세지보살의 형상과 공덕상을 관한다. 열두 번째로 수행자 자신이 극락정토의 연꽃 가운데 왕생한 것을 관하고, 열세 번째로 보배 연못에 키가 16척인 아미타 부처님이 서 계신 모습을 관한다. 나머지 세 가지는 상근기 중생이 상품의 극락세계에 왕생하는 모습, 중근기 중생이 중품의 극락세계에 왕생하는 모습, 하근기 중생이 하품의 극락세계에 왕생하는 모습을 차례로 관하는 것이다.

　　위제희 부인은 마침내 이 열여섯 가지 관법을 모두 성취하고 저 불국정토에 왕생하였다.

관상염불(觀像念佛)

　　　　　　　　세 번째 관상염불(觀像念佛)은 고요

하게 앉아서 아미타 부처님의 형상을 관하는 것이다. 먼저 아미타 부처님의 미간에 있는 백호(白毫)의 모양을 관하고, 이것을 성취하면 다음으로 부처님의 얼굴을 관하면서 점차 몸 전체까지 관을 넓힌다. 이 또한 성취하면, 몸을 따라 방향을 바꾸어 아미타 부처님의 장엄한 상호를 관할 수 있다.

지명염불(持名念佛)

　　　　　　　　　네 번째로 지명염불이 있는데,『아미타경』에 부처님의 명호를 집지(執持) 즉 굳게 지니는 방법을 말하고 있다. 이것은 화두처럼 참구하지 않고, 극락정토의 모습을 관상(觀想)할 필요도 없으며, 아미타 부처님을 관상(觀像)하는 수고도 필요하지 않다. 오직 일심으로 모든 덕이 깃들어 있는 아미타 부처님의 크신 명호를 칭념하기만 하면 된다. 혹은 귀의한다는 뜻을 분명히 하기 위해서 '나무(南無)라는 두 글자를 넣어 더욱 공경하는 마음을 나타낼 수 있다.
　　염불수행의 요체는 일심(一心)에 있다. 입으로 염하고 마음으로 염하여, 입과 마음이 하나가 되어야 한다. 만약 마음으로는 염하지 않고 입으로만 염한다면 그 공덕을 이루기 어렵다. 그러나 입으로는 염하지 않으면서 마음으로만 염하는 것은 괜찮다. 그러나 생각생각이 서로 이어져 끊어짐이 없게 하여야 한다.

이렇게 정진하며 방일하지 않으면 그 과보로 극락세계의 칠보로 된 연못 한가운데 연꽃봉오리가 날로 커지고 그 빛이 나날이 더욱 밝아진다. 연꽃은 비록 무정물이나 명부(冥符: 저승세계)에 감응하는 묘법을 갖추고 있다.

사바세계에서 중생이 발심하여 염불할 때 서방정토에서 즉시 연꽃이 그 이름을 드러낸다. 또한, 염불수행이 부지런하고 게으름에 따라 연꽃도 따라서 번성하거나 시들게 되니, 정진하는 힘의 우열을 분명하게 나타내는 묘법도 함께 갖추고 있다. 수행자의 공덕이 깊고 얕음에 따라 정토에 왕생할 품계 또한 높거나 낮아진다. 무량한 수의 중생이 목숨을 다한 뒤 극락세계에 왕생하지만 모두 자신이 피운 연꽃에 화생한다. 이 연꽃은 범부의 껍질을 벗는 신령한 궁전이며, 혜명(慧命)이 편안히 깃드는 신비한 집이다.

옛 말에 이르기를 "정토의 연꽃이 피는 날이 언제인가? 사바에서 염불할 때임을 기억하라."라고 하였다.

지명염불의 방법이 쉽다면 아주 쉽다. 나이 어린 아이도 곧 이해할 수 있는 가르침이다. 어디에도 묘한 방법은 없다. 그러나 어렵다면 참으로 어려운 방법이다. 팔십 먹은 노승도 일심불란(一心不亂)을 얻지 못했다면 염불공부를 잘 이룬 것이 아니다.

그러나 세상에는 닦기 쉽기 때문에 믿지 못하는 사람이 많다. 수행법은 반드시 오묘하고 현묘하여야 이익을 얻을 수 있다고 생각한다. 이런 이유로 근래에 많은 정토수행자들이 염불법을 버리고 밀교수행을 닦는다. 이들은 정토와 밀교 수행의 공덕이 같다는 것을 전혀 모르고 있다. 정토는 삼업(三業)을 청정하게 하고 밀교는 삼밀(三密)이 상응하므로, 길은 다르지만 회귀하는 곳은 같다. 그러므로 염불법을 버리고 밀교를 취할 이유가 없는 것이다.

나는 평생 동안 부처님의 가르침에는 본래 종파의 차이가 따로 없다고 생각한다. 내가 출가하여 처음에는 참선을 배웠고, 곧 이와 함께 정토의 염불을 닦았는데, 선(禪)과 정(淨)의 공이 같다는 것을 깊이 알게 되었다. 그리고 나서 천태의 가르침을 배우고 그 뒤에 화엄을 배웠는데, 천태와 화엄이 같은 가르침임을 알았다. 또한 법성종(法性宗)을 배우고 계속하여 법상종(法相宗)의 가르침을 배웠는데, 이 둘 또한 둘이 아님을 깨달아 알았다. 이제는 밀교를 만나니, 이 또한 극진히 믿고 있다.

현교(顯敎)도 부처님이 설하신 것이고, 밀교(密敎)도 또한 부처님께서 설하신 것이다. 석가모니 부처님께서 중생의 근기를 살피시어 현교로서 이익을 얻을 자에게는 현교를 설하였으며, 밀교로서 이익을 얻을 자에게는 밀교를 설하신 것이다. 비록 현교와 밀교가 다르지만, 중생의 근기에 따라 상응하는 법의 약을 주신 것은 같다. 그러므로 현교나 밀교를 모두 같이 믿는 것이다.

반드시 채식을 하라

내가 전에 남경(南京)을 거쳐 호남(湖南)과 호북(湖北)을 다니면서 경전 강의를 할 때, 근처에 밀교를 전법하는 법사에 대한 이야기를 들었다. 그 법사가 사람들에게 밀교수행을 권하면서 채식은 필요 없으며 계는 단지 소승이 지키는 것일 뿐 일체 상을 떠난 대승이 지키거나 범할 것이 없다고 하였다. 그리고, 석가모니 부처님도 비구들에게 오정육(五淨肉)은 먹어도 된다고 허락하셨으니, 어떤 중생의 고기를 먹는 것은 곧 그 중생을 제도하는 것이라고 말했다고 한다.

그러나 나는 이 말이 도대체 어떤 경전이나 논서에 나오는 것인지 도무지 모르겠다. 나는 오로지 보살은 동체대비(同體大悲)의 마음을 지녀야 한다는 것을 알 뿐이다. 여러 축생들을 관하여 보니, 모두 지각이 있고, 본래 불성(佛性)을 갖추고 있으며 나와 더불어 한 몸(同體)이었다. 그런데 내가 어떻게 그를 죽여서 고기를 먹을 수 있겠는가?

만약 축생의 죽은 살을 먹는 것이 그 축생을 제도하는 것이라는 말이 맞다면, 마땅히 모든 중생을 평등하게 대하여 제도해야 할 것이다. 그런데, 돼지나 양, 닭, 오리와 생선이나 새우는 날마다 먹으며 제도하면서, 지네나 전갈, 구더기는 어찌하여 먹어서 제도하지 않는가? 그리고 자신의 일가친척은 왜 그 죽은 살을 먹어서 제도하지 않는가?

육식을 해도 좋다는 것은 중생을 미혹하는 망언이다. 단지 밀교를 수행하는 이들이 육식을 탐한다는 것만 분명하게 드러낼 뿐이다. 계를 지키지 않는 것으로 이름을 세우고, 중생의 죽은 살을 먹는 것이 그 중생을 제도하는 것이라고 없는 말을 지어내어 남을 가르치는 것은 반드시 악한 과보를 받게 될 일이다. 심지어 오랫동안 채식을 한 염불수행자조차도 그 말에 현혹되어 고기를 먹는다. 밀교수행으로 공덕을 이루지 못하고 오히려 깨끗한 계만 먼저 깨트리니 참으로 슬픈 일이다. 나는 육식을 해도 좋다는 밀교의 가르침은 결코 찬성할 수 없다.

『능엄경』에 이르기를 "내가 멸도한 후 말법시대가 되면 많은 귀신들이 세간에 치성할 것이다. 그들이 스스로 말하기를 '고기를 먹으면 깨달음(菩提)의 길을 얻을 것이다.'라고 할 것이다."라고 하였고, 또 "너희들은 마땅히 알아야 한다. 고기를 먹는 사람이 설사 마음이 열려 삼매를 얻은 것 같더라도, 모두 큰 나찰로 끝내 반드시 나고 죽는 괴로움의 바다에 떨어질 것이다."라고 하였다.

부처님의 말씀이 이와 같으니 삼가 따라야 할 것이다. 또한 삿된 말에 현혹되어서, 고기를 먹어도 수행에 장애가 되지 않는다고 생각해서는 안 된다. 이런 옛 시가 있다.

맛은 뛰어나지만, 피와 살이 질펀하니
그 고통과 원한이 말로 다하기 어렵네.
육신이 있다면, 가슴에 손을 얹고 생각해 보라.
어느 누가 자기 몸을 칼로 베어내게 하겠느냐?
血肉淋淋味足珍 一般痛苦怨難伸
設身處地捫心想 誰肯將刀割自身

또 이런 옛 시도 있다.

수천 년 전부터 국그릇 속의 고기는

원한이 바다같이 깊어, 맺힌 마음 억누르기 어렵네.

세상의 도병겁(刀兵劫)을 알고자 하면

도살장에서 밤새 우는 소리를 들어 보게나.

千百年來碗里羹 冤深似海恨難平

欲知世上刀兵劫 但聽屠門夜半聲

    무릇 수행자라면 사람들에게 살생을 금하고 방생을 권해야 하는데, 어째서 도리어 스스로 고기를 먹으면서 남에게도 먹으라고 하는가? 자비심은 도대체 어디에 있단 말인가? 수행에 뜻을 둔 사람이라면 마땅히 옳고 그름을 잘 판별하며, 인과를 소중하게 여기고, 버려야 할 것과 취해야 할 것을 잘 알아야 한다.

    나는 평소 채식하면서 염불수행하기를 권한다. 중생에게 내세의 빚을 지지 말도록 권한다. 하늘이 낸 온갖 만물은 사람을 먹여 살리기 위한 것이라고 하면서, 여러 짐승을 잡아먹는 것이 온당하다고 말하는 사람이 간혹 있다. 그러나 이것은 삿된 해석으로 가장 사람을 그르치게 하는 말이며, 사람에게 죄를 짓게 하는 말이다. 사람을 먹이기 위해 하늘이 낸 만물은 쌀, 보리, 콩이나 채소류를 가리키는 말이다. 이런 것은 사람이 길러서 먹을 수 있는 것이다. 결코 축생을 가리키는 말이 아니다. 축생들은 삶을 탐하고 죽음을 두려워하는 마음이 사람과 마찬가지다. 그런데 축생보다 힘이 강하다고 하여 죽여서 그 고기를 먹게 되면, 깊은 원한을 맺고 생명의 빚을 지는 일이니 후일에 반드시 원수 갚음을 당할 것이다. 세상 사람들이 서로 죽고 죽이는 도병겁(刀兵劫)은 모두 살생하여 고기를 먹었기 때문에 일어나는 재앙이다.

옛 사람이 말하기를 "세간에서 도병겁 즉 전쟁을 피하고자 한다면 중생을 살생하지 말아야 한다."고 하였다.

만약 사람들이 밀교를 배우려고 하면서 고기 먹는 것을 먼저 배우면 공부가 이루어질 수 없다. 염불수행을 하지 않던 사람이 밀교를 배우는 것은 괜찮지만, 이미 염불수행을 하던 사람이 그 길을 바꾸게 되는 것은 모두 믿음이 깊지 않고 발원이 간절하지 않은 까닭이니, 참으로 슬픈 일이다.

염불수행법은 굳이 경전을 공부하지 않아도 되고, 가장 간단하며 원만하고 미묘한 위없는 법문이며, 큰 다라니의 문이다. 또한 일체 모든 법을 총괄하며 무량한 뜻을 지니고 있다. 석가모니 부처님께서 45년 동안 설법하신 것이 경전과 율장, 논서의 삼장이다. 이 삼장에서 말씀하신 것은 곧 계·정·혜의 세 가지 무루학(無漏學)이다. 경전은 정학장(定學藏)이며, 율장은 계학장(戒

學藏)이며, 논서는 혜학장(慧學藏)이다. 그런데, 아미타 부처님의
명호 한 구절을 일심으로 염하면 계정혜의 삼학을 구족하게 되
니 그 원만 미묘함이 더없이 뛰어나다.

마음을 거두어 업을 정화한다

어찌하여 염불수행이 계학(戒學)을
갖추었다고 하는가? 『능엄경』에 이르기를 "소위 마음을 거두어
잡는 것(攝心)이 계(戒)이며, 계로 말미암아 정(定)이 생기며, 정으
로 인하여 혜(慧)를 발한다. 이것을 곧 세 가지 무루학(無漏學)이라
이름한다."라고 하였다.

염불수행은 바로 섭심(攝心)의 법이다. 중생의 제6의식인
망상심은 생각마다 바깥 경계를 따라 산란하게 일어난다. 마치
망상심이 눈의 경계인 화려한 빛깔을 따라서 탐진치 삼독의 번
뇌를 일으키고, 이에 따라 살생이나 도둑질, 사음 등의 악업을
짓게 하고 계율을 파하게 한다. 아름다운 소리나 향기, 맛이나
촉감 등도 또한 이와 같다.

부처님께서 중생들에게 염불을 가르친 이유는 염불로 망
상을 그치고 쉬게 하려 하심이다. 화려한 빛깔을 보고 망상이 일

어나면 그 즉시 아미타 부처님을 염하여 바른 생각이 서로 이어지게 하라. 그러면 저절로 바깥 경계에 빠지지 않고 염불의 바른 생각으로 망상이 거두어진다. 소리나 냄새, 맛 등의 경계도 이와 같이 하면 자연히 계를 파하여 악업을 짓지 않게 된다.

　　　망념은 마치 말과 같고, 6가지 바깥 경계는 말이 달리는 길과 같고, 아미타 부처님의 명호는 말고삐와 같고, 염불수행자는 말을 부리는 사람과 같다. 말이 각각의 길을 향해 분주히 달리고자 할 때 말고삐가 손에 있으면 고삐를 잡아 말을 멈추고 길을 돌릴 수 있다. 다시 말해서, 마음이 바깥 경계를 따라가지 않으면 망념은 저절로 사라지게 되니, 계를 범하지 않게 되는 것이다. 이것이 바로 염불수행으로 마음을 거두어 계를 갖추는 것이다.

　　　염불하는 마음이 부처님과 더불어 상응하면 모든 망념은 자연히 일어나지 않게 되니, 마음의 업이 청정해지며, 계율이 자연히 갖춰진다.

　　　몸과 입으로 짓는 두 가지 계(戒)도 또한 마음에서 일어나는 것이다. 몸으로 살생하고 도둑질하며 사음하는 것은 곧 마음이 시켜서 그리한 것이다. 그런데 마음이 살생과 도둑질, 사음을 생각하지 않으면 몸으로 그런 계를 범하지 않게 된다. 입으로 짓는 악업인 거짓말과 꾸밈말, 악한 말, 이간질 또한 마음에서 일어나는 것이다. 마음이 그러한 생각을 하지 않으면 입으로 계를 파하지 않을 것이다. 그러므로 염불은 업을 깨끗하게 하는 법문이다. 일념으로 부처님의 명호를 굳게 지니는 것은 세 가지 업을 정화할 수 있다. 이것이 바로 염불이 계학을 구족하였다는 명백한 증거이다.

한결같은 마음으로 염불하여 선정에 든다

또 어찌하여 염불수행이 정학(定學)을 갖추었다고 하는가? 『아미타경』에 이르기를 "만약 선남자 선여인이 아미타 부처님에 대한 설법을 듣고 그 명호를 굳게 지니어(執持名號) 하루나 이틀이나 혹은 사흘, 나흘, 닷새, 엿새 혹은 이레 동안을 두고 한결같은 마음으로 흐트러지지 않으면(一心不亂), … 극락세계에 왕생하게 된다."고 하였다.

여기에서 '흐트러지지 않는다(不亂)'는 것은 정(定)을 뜻한다. 이것이 곧 염불수행이 나온 큰 근원이며, 부처님께서 직접 펼치신 오묘한 법문이며, 염불수행이 정학을 구족하고 있음을 나타내는 것이다. '한결같은 마음으로(一心)'라는 것은 그 마음을 오롯이 하여 잡념이 전혀 없는 것이며, '흐트러지지 않는다(不

亂'는 것은 맑고 고요하여 움직이지 않는 것이다. 마음이 오롯하면 자연히 '흩트러지지 않게 된다.' 또한 그 마음이 흩트러지지 않으면 바로 오롯한 것이다. 염불하여 마음이 한결같으며 흩트러지지 않게 되면 그 선정의 힘이 얼마나 큰 것이겠는가?

부처님께서 염불법문을 가르치신 것은 바로 중생의 마음이 바깥 경계를 따라 움직이기 때문이다. 그 마음은 아침부터 저녁까지, 하루도 쉬지 않고 해가 바뀌고, 태어나서 죽을 때까지 계속 움직인다. 또한 바깥 경계를 대하는 것마다 마음이 분별심을 내고, 일어나고 멸하기를 멈추지 않으며, 어지럽고 산란한 것이 끝이 없다. 눈으로 빛깔을 볼 때는 그 빛깔이 좋거나 나쁘거나 가리지 않고 마음이 움직인다. 귀로 소리를 들을 때도 칭찬이든 비방이든 따라 움직이고, 코로 냄새를 맡을 때도 향기든 악취든 따라 움직이고, 혀로 맛을 볼 때나 몸으로 촉감을 느낄 때도 마찬가지이다. 마음에 여러 가지 생각이 떠오를 때도 뜻에 맞든 안 맞든 정신없이 생각을 따라가기 바쁘다.

이런 까닭으로, 부처님께서 사람들에게 일심 염불을 가르쳐 망념을 다스리며 바깥 경계에 따라 움직이지 않게 하셨다. 만약 온 마음을 다 기울여 염불에 정진하면 마음이 바깥 경계를 따라가지 않고, 청정한 생각이 계속 이어지며, 여섯 감각기관이 모두 거두어 들여져 움직이지 않게 되어 곧 삼매에 들게 된다.

어떤 사람은 "어째서 염불을 하면 마음이 경계에 따라 움직이지 않는가?"라고 묻기도 한다.

그 이치는 이렇다. 우리가 오롯한 마음으로 염불을 할 때 마음은 하나로 돌아가며, 마음에 부처님을 생각하면 부처님이 마음에서 떠나지 않는다. 그렇게 되면 바깥에서 어떤 경계가 와서 부딪혀도 여섯 감관이 따라 움직이지 않게 된다. 이른바 꽃무더기 속을 지나가더라도 꽃잎이 옷에 닿지 않는 것과 같다.

내 몸은 부처님을 모신 전각과 같고 여섯 감관은 여섯 개의 출입문과 같으며, 염불하는 마음은 전각 안에서 예불 드리는 사람과 같다. 어떤 사람이 전각 안에서 부처님께 우러러 연모하며 한결 같은 마음으로 흩트러짐 없이 예불을 드리고 있다면 비록 전각에 출입문이 여섯 개나 있어도 문밖에 어떤 경계도 전혀 보이지 않고 들리지 않게 된다.

염불수행도 바로 이와 같다. 명호를 염하는 마음이 공적하고 경계가 고요하면 보아도 보이지 않고, 들어도 들리지 않고 어떤 분별도 일어나지 않는다. 덕 높은 옛 스님이 말하기를,

●

쇠로 된 소가 어찌 사자 울음을 두려워하겠으며,
마치 나무로 된 사람이 꽃과 새를 보는 것 같구나.
단지 만물에 스스로 무심(無心)하면,
만물이 항상 둘러싸고 있어도 어찌 방해될 수 있으랴?
鐵牛那怕獅子吼 恰似木人看花鳥
但自無心于萬物 何妨萬物常圍繞

라고 한 것과 같다. 이렇게 어떤 경계를 만나더라도 흔들림이 없게 된다.

또한 한결같은 마음으로 흩트러지지 않고(一心不亂) 염불하면 삼매를 이루게 된다. 삼매는 인도 말인데, 정정(正定)이라고 그 뜻을 옮긴다. 이것은 『불설성구광명정의경(佛說成具光明定意經)』의 말씀과 같다. "한가하고 적막하여도 그 마음을 하나로 하며, 온갖 번뇌 속에 있어도 그 마음을 하나로 하며, 내지 칭찬과 비방, 이익과 손해, 선과 악 등을 대하여도 그 마음을 하나로 하여야 한다."

염불하여 일심(一心)을 얻는다면 이것이 바로 염불수행이 정학(定學)을 구족하고 있다는 명백한 증명이 될 것이다.

번뇌와 망상을 제거한다

어찌하여 염불수행이 혜학(慧學)을 갖추었다고 하는가? 모든 중생은 본래 부처이며 부처의 지혜를 갖추고 있다. 옛날 세존께서 납월(臘月: 섣달) 초여드레에 보리수 아래에서 밤에 샛별을 보고 홀연히 도를 깨달으시고는 '기이하다'고 세 번 찬탄하셨다.

"모든 중생은 여래의 지혜덕상(智慧德相)을 갖추고 있으면서 단지 망상과 집착으로 인하여 깨달아 증득하지 못하는구나. 만약 망상을 떠나면 무사지(無師智)와 자연지(自然智)가 모두 현현하게 될 것이다."

세존께서 직접 이러한 도리를 보시고 중생이 부처님의 지혜를 증득하는 길을 여셨다. 곧 중생에게 지명염불을 가르쳐 즉시 망상을 떠나 지혜의 묘법을 얻을 수 있게 하신 것이다.

중생이 부처의 지혜를 지녔으면서도 왜 계속 무명에 덮여 잘못을 저지르는가? 그 이유는 무수한 겁 동안 미혹에 미혹이 쌓이고 무량한 망상, 번뇌가 본래 마음을 가려서 처음부터 지니고 있던 부처님의 지혜가 드러나지 못한 때문이다.

비유하자면, 거울이 본래 깨끗하여 광명으로 빛났는데 오랜 세월 동안 먼지와 때가 묻어서 처음의 밝은 빛이 가려진 것과 같다. 중생의 마음도 본래는 깨끗한 거울과 같았고, 본래부터 지녔던 부처님의 지혜는 거울의 밝은 광명과 같았는데, 미세한 망상과 번뇌가 먼지와 때가 되어 내려 앉은 것이다. 이 먼지와 때를 닦아내면 거울이 깨끗해지는 것처럼 마음의 망상과 번뇌도 염불로 다스리면 끊고 없앨 수 있는 것이다.

부처님께서 가르치신 지명염불은 마음의 거울을 갈고 닦아서 망상과 번뇌를 끊고 제거하는 수행법이다. 앉아서나 누워서나 머물거나 밖으로 다니거나 간에 언제나 한 구절 아미타 부처님의 명호에서 떠나지 말라. 염하고 또 염하여 끊어지지 않으면 망상은 저절로 사라지게 되고 그러면 부처님의 지혜가 저절로 나타날 것이다. 이것이 곧 염불수행법이 혜학(慧學)의 공능을 지녔음을 말해주는 것이다.

염불삼매는 일행삼매(一行三昧)라고도 이름한다. 『문수사리소설마하반야바라밀경(文殊師利所說摩訶般若波羅蜜經)』에서 부처님께서 문수보살에게 말씀하셨다. "일행삼매에 들어가고자 하는 이는 고요하고 한적한 곳에서 모든 산란한 생각을 버리고 모양을 취하지 않고, 마음을 한 부처님에게 묶고 오로지 그 부처님의 명호를 불러야 한다. 또한 부처님이 계신 방향을 따라 몸을 단정히 하고 바로 향한 뒤, 그 부처님을 끊임없이 계속 생각하면 곧

이 생각 가운데 능히 과거·미래·현재의 모든 부처님을 보게 된다. 왜냐하면 한 부처님을 염하는 공덕은 무량한 부처님을 염하는 공덕과 차별이 없다. 마치 아난이 들은 설법이 무량한 것과 같이 만약 일행삼매를 얻으면 모든 경전의 법문과 일체의 분별을 모두 깨달아 알게 되며, 밤낮으로 설하여도 지혜와 변재가 끊어지지 않을 것이다."

이것 또한 염불수행이 혜학(慧學)을 구족하고 있다는 명백한 증명이 아니겠는가?

모든 근기의 중생을 거두는 염불

염불수행법은 어떤 근기의 중생이라도 거두지 못하는 이가 없다. 지각을 갖춘 중생이 참된 마음으로 행하면 누구라도 도를 얻을 수 있다. 팔만 사천 가지나 되는 어려운 경전을 배울 필요 없이, 오직 아미타 부처님의 큰 원력이 담긴 명호 여섯 자를 한 마음으로 부르기만 하면 될 뿐이다.

선도(善導) 대사가 말하기를 "만약 이치로 불법을 닦고자 한다면 범부의 지위에서 부처의 지위까지 모든 교법을 다 배워야 한다. 만약 수행으로 불법을 닦고자 한다면 불법과 근기에 맞는 한 가지 방법을 택하여 전심전력을 다해 배우면 빨리 이익을 얻을 수 있다. 그러지 않으면 아무리 많은 겁 동안 수행하여도 고통의 바다에서 벗어나기 어렵다."라고 하였다.

염불수행법은 부처님의 가르침과 중생의 근기에 계합하는 방법이다. 이제부터 염불수행에 적합한 열 종류의 사람에 대해 살펴보자. 각자 세 번 생각하고 빨리 발심 수행하기를 바란다.

출가수행자

염불수행하기에 정말 좋다. 이미 머리를 깎고 출가수행자가 되었으니 발심 정진하여 수도해야 할 것이다. 모든 은혜와 원한을 끊고, 마을을 떠나 청정한 가람에 머물며 시주의 공양을 받고 있다. 걱정하고 염려할 일이 없고, 구속받는 것도 없으니 발심 수행하여 생사의 고통에서 벗어나기를 구하라. 염불할 때 생사의 고통에서 벗어나려는 발원을 간절히 하며, 생사 윤회는 업에 따라 끝없이 과보를 받는다는 것을 기억하며, 온 마음을 다하여 진실하게 염불하라. 그러면 만 가지 생각이 자연히 놓이며 여섯 감관이 모두 저절로 거두어들여진다.

예를 하나 들어보겠다. 옛날에 어떤 왕이 고행을 하는 바라문과 고요하고 한가로운 스님을 보게 되었다. 그래서 염불 수행을 하는 그 스님에게 물었다. "내가 보기에 바라문은 고행을 하면서 열심히 도를 구하는데, 스님은 편안하게 염불만 하니, 수행에 차이가 너무도 많아 보입니다."

스님이 대답하기를 "수행이라는 것은 몸을 괴롭히는 데 있지 않고, 생사윤회에서 벗어나려는 마음이 얼마나 간절한 지에 달려있습니다. 스님들이 비록 한가롭게 염불하는 것처럼 보이지만 사실 생사윤회에서 벗어나려는 마음은 참으로 간절합니다. 그런 까닭에 눈으로 바깥의 빛깔을 보지 않고, 귀로 소리를 듣지 않으며, 마음으로는 다른 생각에 끄달리지 않습니다."라고 하였다.

그러나 왕이 이 말을 믿지 않는 것을 보고 그 스님은 왕을 깨우치려고 이런 제안을 하였다. "제 말이 옳다는 것을 증명해 보이겠습니다. 왕에게 청합니다. 내일 궁녀들을 둘로 나누어서 한 쪽은 동쪽 거리에서 춤추게 하고, 다른 한 쪽은 서쪽 거리에서 노래를 부르게 해 주십시오. 그리고 사형수를 한 명 불러서 기름을 가득 채운 통을 받들고 그 사이를 지나가게 하십시오."

왕이 그 말대로 하였다. 궁녀들이 둘로 나누어 춤추고 노래하게 하였다. 그리고 사형수를 불러서 기름으로 가득 찬 통을 들고 가게 하였다. 죄수의 뒤에는 네 명의 병사가 칼을 들고 따라가면서 기름이 흐르는지 안 흐르는지 지켜보게 하였다. 기름이 한 방울이라도 흘러넘치면 죄수는 그 자리에서 죽임을 당하지만, 조금도 흘리지 않고 무사히 잘 지나오면 그의 죄를 사면하고 목숨을 살려주며 고향으로 돌려보내겠다고 하였다.

이 말을 들은 사형수는 '오늘 내가 살고 죽는 것은 저 기름통에 달려있다.'고 생각하고 정신을 집중하고 그 거리를 지나왔다. 그런데 과연 기름이 조금도 흐르지 않았기 때문에 죄를 용서받고 목숨을 구하게 되었다.

스님이 그 죄수에게 물었다.

"너는 동쪽 거리에서 본 궁녀 가운데 누가 가장 아름답더냐?"

"아무것도 보지 못했습니다."

"그러면 서쪽 거리에서는 어떤 소리가 가장 듣기 좋더냐?"

"아무것도 듣지 못했습니다."

옆에서 이 말을 듣고 있던 왕은 그가 거짓말을 한다고 생각하여 화내며 꾸짖어 말했다. "동쪽 거리에서는 아름다운 궁녀들이 화려하게 춤을 추고, 서쪽 거리에서는 고운 목소리로 노래를 하고 있었는데, 너는 어째서 아무것도 보지도 듣지도 못했다고 하느냐?"

그 죄수가 대답하였다.

"대왕이시여. 저는 오직 한 마음으로 이 기름통만 받들고 걸었습니다. 목숨이 달린 일인데 그런 것을 보고 들을 마음이 어디 있었겠습니까? 그래서 아무것도 보지도 듣지도 못했습니다."

그제서야 왕은 스님이 한 말의 뜻을 깨달았다. 일심으로 염불하여 생사윤회에서 벗어나기를 구하면 모든 감관이 거두어진다는 말이 진실로 틀리지 않음을 알았다. 이와 같이 염불수행자가 생사에서 벗어나려는 마음이 간절해야 참된 염불이라 할 수 있다.

여인

염불수행하기에 참으로 좋다. 인간 세상에 여인의 몸을 받아서 주로 가정을 지키고, 남자와 같은 바쁘고 괴로움이 덜 하다. 그런 이유로 염불할 시간이 남자보다 더 많으니, 발심염불하여 정토왕생을 구하기에 참으로 좋다.

그리고 여인의 몸은 달마다 하는 월경이 번잡하고 힘들며, 자녀를 잉태하여 출산하는 괴로움이 크기 때문에 여자의 몸을 싫어하는 사람도 있다. 이 사바세계에서 여인의 몸이 주는 괴로움에서 벗어나는 것은 쉬운 일이 아니다.

그러나 온 마음을 다하여 염불하면 임종을 맞았을 때 사바세계의 모든 업을 던져버리고 극락정토의 연꽃에 화생하게 된다. 더 이상 여인의 몸이 주는 괴로움을 겪지 않아도 되고, 무량한 수명을 누리며 관세음보살, 대세지보살과 함께 수행할 수 있다. 그대들의 모든 소원을 다 이루어줄 수 있는 뛰어난 법문이 바로 여기에 있다. 어서 빨리 염불수행하기를 바라노라.

총명한 사람

염불수행하기에 더없이 좋다. 세상에 사람 몸을 받기 어렵고, 사람 몸을 받더라도 총명하게 태어나기는 더 어렵다. 총명하게 태어나더라도 총명 때문에 잘못되지 않는 것은 더욱 더 어렵다. 자신이 총명함을 지나치게 자랑하는 마음으로 스스로 그르치기 쉬운 까닭이다. 이런 이들은 단지 기묘한 것만 좋아하고 염불은 평범한 것으로 생각한다. 그리하여 세상의 헛된 지식을 구하느라 마음이 번잡하다.

어찌 알겠는가?

"살아있을 때 온갖 것에 마음을 낭비하더니, 죽어서 손에 쥔 것이 아무것도 없구나."

그러므로 이런 총명함을 부처님의 가르침을 배우고 익히

는 데 사용해야 한다. 정토의 가르침을 담은 경전들을 열심히 읽고 염불의 종지를 참구하며 염불수행에 마음을 다하여라. 그리하면 시방세계에 가득한 여러 불보살님의 가호를 입게 되며, 여러 수행자들의 칭송을 받을 것이다. 또한 한 생각으로 티끌같이 무수한 망념을 제압하게 되며, 한 부처님께 의지하여 깨끗한 마음을 증득하게 된다. 더욱 염불수행에 정진하면 사염불(事念佛)로 이염불(理念佛)을 이루어 자성미타(自性彌陀)를 친견하며 유심정토(唯心淨土)에 왕생할 것이니, 어찌 즐겁지 않겠는가?

어리석은 사람

염불하기에 그지없이 좋다. 사람이 총명하든 어리석든 구별 없이 불성(佛性)은 같다. 현생에 어리석은 사람은 단지 지난 생에 부처님의 가르침을 믿지 않고 수행하지 않았기 때문에 미혹이 깊고 업이 두터워 그런 과보를 받은 것이다.

총명한 이는 하는 일이 너무 많으므로 염불에 전념하기가 어렵다. 그러나 어리석은 사람은 일이 많지 않고 몸이 한가롭기 때문에 염불에 정진할 여유가 더 많다. 또한 어리석은 이는 그 마음이 곧고 지견이 많지 않기 때문에 믿음을 잘 내고 수행에 전념하기 쉽다.

　　지명염불의 방법은 참구(參究)할 필요도 없으며, 수고로이 관상(觀想)하지 않아도 된다. 그러므로 이 수행법은 총명하지 않음을 두려워할 필요가 없으며, 단지 올곧은 마음만 있으면 된다. 부처님 명호 한 구절을 올곧은 마음으로 쉬지 않고 염불하면 성취가 있을 것이다. 옛 시에 이르기를,

　　　　수행은 돛이 없는 배와 같으니
　　　　잠시 삿대를 놓으면 떠내려가네.
　　　　만약 열심히 삿대를 젓지 않는다면
　　　　어느 때에나 저 언덕에 닿을까?
　　　　修行如駕上灘舟 暫歇篙時便下流
　　　　若不從茲勤努力 幾時撐得到灘頭

라고 하였다. 이 말만으로도 염불에 도움을 얻을 수 있을 것이다.

부귀한 사람

염불하기가 더욱 좋다. 현생에 부귀하게 사는 것은 과거 생부터 닦아온 결과이다. 그러나 사바세계의 복락(福樂)은 오래가는 것이 아님을 알아야 한다. 옛 사람의 말을 기억하라.

영화(榮華)는 한밤에 꾸는 꿈과 같고
부귀(富貴)는 9월에 내리는 서리와 같구나!
榮華終是三更夢 富貴還同九月霜

복락 덕분에 생계 걱정 없이 다 갖추고 있으니, 발심 염불하여 정토왕생을 구하기에 좋다. 불퇴의 지위에 올라 무위(無爲)의 즐거움을 누리는 극락정토는 천상의 궁전보다 더 뛰어난 곳이니 어찌 사바세계의 복락과 비교할 수 있겠는가? 빨리 발심하고 용맹정진하여 사바세계의 열등한 과보를 버리고 극락의 깨끗한 몸을 얻어야 할 것이다.

가난한 사람

염불수행에 참으로 좋다. 현생에 가난한 것은 지난 생에 보시행을 닦지 않고 교만하였기 때문에 그 과보로 받은 것이다. 그리하여 생계를 꾸릴 전답도 없고, 해야 할 생업(生業)도 없고, 또한 몸을 누일 집도 없고, 부끄러움을 가릴 옷조차 제대로 없으며, 음식은 충분하지 않아서 세상에 나온 후로 굶주림의 고통을 많이 받으니, 염불수행에 매진하기에 좋다. 정토에 왕생하면 일곱 가지 보배로 꾸민 큰 누각에 지내며 수고로이 일하지 않아도 필요한 의복과 음식은 생각대로 따르게 된다. 사바세계의 빈천한 고통에서 영원히 떠날 수 있는 훌륭한 법문이 있으니 비켜가지 말고 수행하라.

나이 든 사람

염불하기 좋다. 황혼(黃昏)이 나무 위에 걸려 있으니 남은 세월이 많지 않다. 줄어드는 물에 있는 물고기와 같고, 사형장으로 걸음을 옮기며 죽음을 향해 나아가는 죄수와 같으니 무슨 즐거움이 있겠는가? 빨리 간절한 마음을 내어 발심염불하여 정토왕생을 구해야 할 것이다. 선도(善導) 화상이 이런 게송을 남겼다.

> 닭 껍질 같은 피부에 학털 같은 머리털을 하고
> 걸음은 이리저리 비틀거리는구나.
> 설령 금과 옥이 집에 가득하여도
> 늙어 쇠잔하며 병듦을 피하지 못하네.
> 그대 갖가지 쾌락을 누릴지라도
> 죽음은 끝내 찾아온다네.
> 오직 수행하는 길뿐이니
> 단지 아미타불을 염하는 것이네.
> 漸漸鷄皮鶴髮 看看行步龍鐘
> 假饒金玉滿堂 難免衰殘老病
> 任汝千般快樂 無常終是到來
> 惟有徑路修行 但念阿彌陀佛

연로한 이들이여, 이 게송을 세 번 되풀이하여 읽어보라. 모든 것을 놓아버리지 않으면 안 된다. 하루에 다 놓아버리지 못해도 결국은 놓아야 한다. 그러므로 마땅히 알라.

"온 세상 사람들이 다 분주히 늙어가는데, 죽음을 앞두고 쉬고자 하는 이는 누구인가?"

젊은 사람

염불수행하기에 매우 좋다. 나이가 젊고 몸이 건강하며 병들 염려가 없으므로 발심염불하기에 참 좋다. 아직 수행하기에 이르다고 말하지 말고, 부지런히 염불하여 정토에 가는 자량을 미리 준비해야 한다.

그대는 이런 말을 들어보지 못했는가?

봄날에 푸른 버들가지 잠깐 보이더니,
어느새 가을 바람에 국화가 누렇구나.
春日才看楊柳綠 秋風又見菊花黃

그러므로 마땅히 알아야 한다.

사람의 몸 얻기는 어려우나 잃기 쉬우며,
좋을 때는 가기 쉬우나 따르기는 어렵네.
人身難得而易失 良時易往而難追

또한 세월을 헛되이 보내지 말고, 소중한 시간을 함부로 쓰지 마라.

늙어서 도를 배우겠다고 기다리지 말라.
외로운 무덤 가운데는 젊은 사람 무덤이 많네.
莫待老來方學道 孤墳多是少年人

자녀가 있는 사람

염불하기 좋다. "곡식을 길러 배고픔을 방지하고, 자식을 낳아 노인을 봉양한다."는 옛말이 있다. 이미 자식을 낳았으니 자라면 가업을 맡기고 조상의 대를 잇게 할 수 있다. 이제는 만 가지 인연을 모두 놓고 일심으로 염불하여 정토왕생을 구하라. 자녀를 위해 방책을 세우며 미리 염려하지 마라. 모름지기, 자녀들은 자신이 받을 복을 가지고 태어났다. 만일 그 자녀가 복이 있으면 부모가 유산을 남기지 않아도 충분히 자수성가할 것이다. 그러나 복이 없는 자녀라면 아무리 많은 재산을 남겨도 몇 년 지나지 않아 낭비할 것이다. 또한, 많은 유산 때문에 악업을 지을 수도 있으니 오히려 해가 될 것이다. 세상의 부유한 사람들은 이와 같은 이치를 잘 익혀서 마음에 새겨야 할 것이다.

자녀가 없는 사람

염불하기 좋다. 자녀가 있으면 여러 가지 부담이 많고 몸과 마음이 바쁘다. 자녀를 기르고 교육시키는 데 많은 재물이 필요하니 힘을 다해서 열심히 일해야 한다. 그러나 자녀가 없으면 한가하고 여유가 많다. 자녀 복이 없다고 받아들이면 부부가 함께 염불에 정진하기 좋다. 아미타 부처님을 한 마음으로 불러서 빨리 정토에 왕생하여 깨달음을 얻으라. 그리하여 자비로운 보살이 되면 시방세계의 모든 중생을 다 자녀로 두게 될 것이니 어찌 기쁘지 않겠는가?

이와 같이 이 사바세계에서 염불수행을 할 수 없는 사람은 한 사람도 없다. 염불은 참으로 모든 근기의 중생을 다 거두어들일 수 있는 수행법이다.

염불은 모든 중생을 제도하는 대승법문

무량한 부처님의 법문은 크게 대승과 소승으로 구분한다. 소승은 자신의 깨달음을 우선으로 하는 것이니 자신의 이로움을 구하는 법문이라고 할 수 있다. 대승은 자신의 깨달음을 구하지만 다른 이도 함께 깨닫게 하려는 데 뜻을 두어 많은 사람을 제도한다.

그런데 마치 염불수행을 소승법문이라 생각하는 사람도 있다. 그런 이가 말하길, 염불수행자는 괴로움을 싫어하여 단지 즐거움을 구하려고 정토왕생을 구할 뿐이다. 염불수행자가 사바세계를 버리고 극락세계를 원하는 것은 오직 자신의 이익만 구하는 것이니 소승이 아닌가? 그러나 대승의 보살은 큰 자비심을 발해서 자신을 버리고 다른 이를 이롭게 한다. 또한 자신의 안락을 구하지 않고, 세상의 중생을 제도하기 위해 불법을 널리 알리는 데 힘쓴다. 뿐만 아니라, 어려운 만행을 닦고, 지옥도나 아귀도 그리고 말이나 나귀의 태(胎)까지 빌리며 모든 중생을 제도하기 위해 힘쓴다. 괴로움과 즐거움을 분별하는 마음도 없고, 취하고 버리는 견해도 없다. 이것이 대승 보살의 길이다. 대승과 소승은 마치 큰 바닷물과 말굽이 찍힌 자리에 고인 물과 같은 차이가 있다. 그러므로 염불수행이 어떻게 대승의 가르침이겠느냐며 의심하는 이가 간혹 있다.

이것은 염불법문을 바로 알지 못하기 때문에 잘못 알고 있는 것이다. 염불수행이야말로 가장 훌륭한 대승의 행이다. 네 가지 은혜에 보답하며 삼계의 중생을 모두 제도하는 법문이다. 만약 어떤 사람이 염불수행을 하지 않으면서 중생을 제도하려 한다면 그는 아무 공덕도 없이 오직 손해만 보게 될 것이다. 비유를 들자면, 어떤 사람이 수영도 못 하면서 바다에 빠진 사람을 구하려 하면 다른 사람도 구하지 못하고 자신도 빠져 죽게 되는 것과 같다. 대승의 법을 따라서 중생을 제도하려는 사람이면서 염불수행을 하지 않는 이도 같은 경우이다.

대승 보살의 길을 가려는 사람이 발심하기는 쉽지만, 불퇴(不退) 즉 물러나지 않기는 어렵다. 경전에 이르기를 "물고기 알과 암라 꽃, 대비심을 발한 보살. 이 세 가지 일은 시작은 많지만 성취는 적다."라고 하였다.

사리불이 과거 겁에 큰 마음을 발하여 보살의 이타행(利他行)을 닦으려고 하였다. 이때 천신(天神)이 이를 알고 시험하기 위해서 바라문으로 변화했다. 바라문은 울면서 사리불 앞으로 걸어왔다. 사리불이 그 모양을 보고 물었다.

"무엇 때문에 슬퍼하시오?"

"제 어머니가 큰 병에 걸렸습니다."

"어머님이 병이 드셨다면 의사를 불러 치료하면 되지 않겠소?"

"의사에게 이미 보였지만 병을 치료할 약을 구하지 못했습니다."

"약방문이 있으면 반드시 약이 있을 것인데 어찌하여 구하지 못했소?"

"의사가 말하기를, 제 어머님의 병은 수행자의 눈을 달여서 먹어야 낫는데, 약을 먹지 못하면 죽고 말 것입니다. 그런데 어디서 수행자의 눈을 구할 수 있겠습니까?"

말을 마친 바라문은 다시 눈물을 흘리며 슬퍼하였다. 사리불은 생각하였다. '석가모니 부처님께서는 과거 여러 겁 동안 머리와 눈, 뇌와 골수를 보시하여 중생을 제도하였다. 내가 이제 보살의 큰 마음을 발하였으니 내 눈을 주어 저 바라문의 어머니

를 구해야겠다.'

"그대는 울지 마시오. 내가 지금 대승의 마음을 내어 보살행을 닦고 있소. 마땅히 내 눈을 보시하겠으니 어머님의 약으로 쓰시오."

"감사합니다."

사리불은 바로 자신의 오른쪽 눈을 빼서 그에게 주었다. 이것은 참으로 어려운 행을 행하는 것이었다. 그런데 바라문이 다시 말했다.

"잘못 뺐습니다. 의사가 왼쪽 눈을 약으로 쓰라고 했으니, 오른쪽 눈은 소용없습니다."

사리불은 '오른쪽 눈은 이미 쓸 수 없다. 왜 미리 말하지 않고 눈을 뺀 다음에 말하는가? 하지만 이미 이타행을 하려고 했으니 너무 아까워하지 말자'라고 생각하고 다시 왼쪽 눈을 빼서 그에게 주었다. 사리불이 오른쪽 눈을 포기한 것은 버리기 어려운 것을 버린 것이었다.

그런데 눈을 받아든 바라문은 코로 냄새를 맡더니 "눈에서 나쁜 냄새가 나는데 어떻게 약으로 쓸 수 있겠습니까?"라며 그 눈을 땅에 던져 버렸다. 이것은 참기 어려운 일이라 사리불도 참지 못하고 마음이 바뀌었다.

사리불은 "중생은 제도하기 어렵구나. 중생은 참으로 제도하기 어렵구나."라며 대승의 큰 마음에서 물러나버렸다. 이 때문에 사리불은 무생법인(無生法忍)을 얻지 못하였다. 이것은 비록 보살행을 닦고자 하더라도, 행하기 어려운 것을 행하고 버리기 어려운 것을 버릴 수 있어도, 참기 어려운 것은 참을 수 없음을 보여주는 일이다. 그리하여 사리불은 육바라밀에서 물러나서 오랜 세월 동안 성문(聲聞)으로 지내게 되었다.

　이런 이유로 소승은 감히 대승의 마음을 발하지 못한다. 만약 대승의 보살행을 닦아서 널리 중생을 제도하고자 한다면 반드시 염불하여 정토왕생을 구해야 할 것이다. 정토에 왕생하면 부처님을 뵙고 법을 들어서 무생법인을 얻게 된다. 그런 후에 시방세계로 두루 들어가 사무량심을 발하고 육바라밀을 닦아 모든 중생을 다 유익하게 하며, 함께 고해(苦海)를 벗어나 극락정토에 왕생하게 될 것이다. 바로 이것이 염불법문이다. 비록 자신의 이로움을 먼저 구하지만 실제로는 다른 이를 이롭게 하려는 것이다. 그러므로 소승에서 삼계를 벗어나 열반을 구하는 것과 염불법문은 감히 비교할 수 없다.

염불은 참된 보살행을 하는 대승법문이다

염불법문은 한 마음으로 염불함으로써 정토에 왕생하여 이고득락(離苦得樂)하는 것이다. 얼핏 보기에는 소승법인 듯하지만, 먼저 나를 이롭게 한 후에야 남을 이롭게 할 수 있으므로 대승의 법문이다.

왜 그러한가? 염불하여 극락왕생하면 연꽃 위에 화생하여 부처님을 친견한다. 불법을 배워 무생법인을 증득하면, 몸과 말과 마음의 불가사의한 업의 바퀴의 업[三輪不思議業]을 얻게 된다. 이 삼륜(三輪)을 얻은 후 널리 시방세계에 두루한 중생을 제도하기 때문이다.

염불수행자가 고통을 싫어하는 것은 바로 중생의 고통을 제거하려는 것으로 보살의 대비심(大悲心)이며, 즐거움을 구하는 것은 중생에게 즐거움을 주려는 것으로 보살의 대자심(大慈心)이다. 염불법문은 이와 같은 것이니 진정한 대승의 법문이다.

앞에서 말한 불가사의한 업의 세 바퀴 즉 삼륜을 자세히 살펴보자. 첫째는 신륜현통(身輪現通)인데, 하나의 몸을 무량한 몸으로 나타내는 것이다. 부처의 몸이나 보살의 몸으로, 때로는 벽지불이나 성문의 몸으로 나타나며, 때로는 육도의 여러 몸으로 나타난다. 그러한 몸으로 자비나 위엄 또는 선정이나 지혜로써 시방세계에 두루 나투어 무량한 중생을 이롭게 한다.

둘째는 구륜설법(口輪說法)이다. 네 가지 걸림없는 변재[四無 碍辯]를 갖추고 육바라밀과 사제, 십이연기, 십선, 오계 등 세간 과 출세간의 모든 법을 설하여 근기에 따라 중생을 교화하고 제 도한다.

셋째는 의륜감기(意輪鑒機)이다. 중생의 근기에 따라, 지혜 의 깊고 얕음에 따라, 제도의 쉽고 어려움에 따라 자세히 살펴서 그에 맞는 몸을 나투고 법을 설하여 중생을 구제한다.

마치 관세음보살처럼 중생의 근기에 따라 나투어 자재로 이 성취하는 것이다. 한 몸을 나눔 없이 두루 나투며, 조금도 어 긋나지 않게 만 가지 근기에 감응하는 불가사의한 업이다. 이와 같은 업을 얻으면 네 가지 은혜에 보답하여 삼계의 중생을 제도 할 수 있는 것이다.

만약 염불하여 정토왕생을 구하지 않는다면 비록 대승의 큰 마음을 내더라도 오히려 자신도 구하지 못할 것인데 어떻게 다른 중생을 제도할 수 있겠는가? 목숨을 마칠 때까지 오직 염 불수행에 온 힘을 기울여, 안으로 내 마음의 염하는 힘에 의지하 고, 밖으로 아미타불의 원력에 의지하라. 그러면 두 힘이 한꺼번 에 모여 일념으로 성취하여 정토에 왕생하게 된다. 정토에서 부처님을 뵙고 법을 들어 무생법인을 증득한 후에 큰 원력의 바퀴를 타고 사바세계로 돌아와 시방세계 곳곳에 여섯 신통으로 사섭법을 행하여 널리 중생을 제도하여 함께 극락에 왕생할 수 있다. 극락과 사바를 자재로이 오가며 널리 불법을 펴서 네 가지 은혜를 갚을 수 있다.

부처님의 은혜를 갚는다

네 가지 은혜 가운데 첫째는 부처님의 은혜이다. 부처님께서는 무량 겁 이래로 일찍이 우리 중생을 버리지 않으셨다. 내가 미혹할 때 부처님은 나를 지도하였으며, 내가 악업을 지을 때는 나를 연민히 보셨으며, 내가 삼악도에 빠졌을 때는 나를 구제하셨다. 내가 사람의 몸을 얻으니 부처님께서는 기뻐하고 안심하셨다. 이러한 부처님의 은덕은 말로 다 할 수 없다.

염불수행에 정진하여 자기를 제도하고 남도 제도하여 널리 정토법문을 펼쳐서 부처님을 대신하여 중생을 교화해야 할 것이다. 중생이 염불로 왕생하여 횡으로 삼계를 벗어나게 하는 것이 참으로 부처님의 은혜를 갚는 것이다.

경전에 이르기를 "무량한 겁 동안 부처님을 머리에 이고 삼천대천세계에서 몸으로 침대와 의자를 삼아도, 만약 설법하여 중생을 제도하지 않으면 이것은 은혜를 갚는 것이 아니다." 라고 하였다.

부모님의 은혜를 갚는다

두 번째는 부모님의 은혜이다. 어머니, 아버지가 나를 낳아 기르실 때 너무도 수고하였다. 그 은혜는 큰 하늘과 같이 넓어서 다함이 없다. 아버지는 나를 기르고 가르치며 일생 동안 수고로이 일하시면서 나를 위하지 않은 것이 없으셨다. 나를 보배 구슬처럼 사랑하시고, 흉년의 곡식처럼 귀하게 여기셨다. 어머니는 나를 열 달 동안 태에 품고 3년 동안 젖을 먹여 기르면서 쓴 것은 삼키고 단 것은 토해 먹이셨다. 진자리 마른자리를 가려 누이시니 기르고 보살펴주심이 세밀한 데까지 이르지 않은 것이 없었다.

단지 부모님이 살아계실 적에 봉양하고 돌아가신 뒤에 장례를 치르는 것만으로는 그 은혜를 다 갚았다고 할 수 없다. 반드시 염불하여 정토왕생한 뒤 사바세계에 다시 돌아와 부모님의 영혼을 제도하여 서방극락정토에 왕생하게 해드려야 참으로 그 은혜에 보답하였다고 할 수 있다.

또한 우리들이 무량 겁 동안 몸을 받아 날 때마다 모두 부모님이 계셨다. 때로는 사람으로 나기도 하고 때로는 괴로운 세계에 떨어지기도 하였으나 누구인지 알지 못하니 보답할 길이 없다. 그러나 염불왕생하여 육신통을 얻으면 현생의 부모님뿐만 아니라 세세생생의 모든 부모님을 제도할 수 있다. 이와 같을 때라야 그 효도가 크다고 할 수 있으며, 참으로 부모님의 은혜에 보답하는 것이다.

스승의 은혜를 갚는다

세 번째는 스승의 은혜이다. 부모는 나를 낳아주시니 육신(肉身)의 부모이고, 스승은 나를 가르쳐주었으니 법신(法身)의 부모이다. 만약 스승이 없었다면 지식을 계발할 길이 없으며, 학문을 증진할 길이 없으며, 도덕을 성취할 길도 없을 것이다. 이러한 스승의 은혜는 참으로 커서 부모님의 은혜보다 나음이 있다. 만약 이 은혜를 갚고자 한다면 오직 염불하여 극락왕생하여 자기를 제도한 뒤에 스승을 제도해야 할 것이다.

마치 구마라집(鳩摩羅什) 대사와 같이 해야 할 것이다. 대사는 처음에는 반두달다 스님에게 소승의 가르침을 배우고 그 후에 소리야수마 스님에게서 대승의 가르침을 배워 법성(法性)의 이체(理體)를 밝혔다. 법사는 예전에 배웠던 소승의 가르침이 잘못된 것을 참회하고 옛 스승을 제도하고자 하였다. 되돌아가서 반두달다 스님에게 대승의 가르침을 펼쳐 보여서 스승이 깨달아 뛰어난 공덕을 성취하게 하였다.

그러자 반두달다 스님은 대사에게 예를 올리며 스승으로 받들었지만 대사는 받아들이지 않았다. 반두달다 스님은 "나는 너에게 소승을 가르친 스승이지만, 너는 나에게 대승을 가르친 스승이다."라고 말하였다. 구마라집 대사와 같은 분은 참으로 스승의 은혜에 보답하였다고 할 수 있다.

중생의 은혜를 갚는다

네 번째는 중생의 은혜이다. "내가 중생에게 도대체 어떤 은혜를 입었습니까?"라고 묻는 사람도 있다. 그러나 농부가 씨를 뿌리고 길러서 거두었기 때문에 내가 먹을 것을 얻었고, 여인들이 베를 짜므로 내가 옷을 얻었고, 기술

자들이 여러 가지 물건을 만들었기에 내가 그것들을 사용할 수 있는 것이다.

또 어떤 사람은 "내가 돈을 주고 사서 쓰는데 그것이 어떻게 은혜라고 할 수 있겠습니까?"라고 반문하는 이도 있다. 그러나 비록 돈을 주고 사서 쓰더라도 다른 사람들이 노력하여 생산하지 않았다면 어떻게 살 수 있었겠는가? 또한 모든 중생은 과거 생에 나의 부모나 스승, 가족이나 친구였는데 지금은 과보가 달라서 그 모습이 바뀌어서 알지 못할 뿐이다. 그러므로 다른 중생이 모두 나와 관계없다고 말할 수 없는 것이다. 그리고 밭 가는 소나 집 지키는 개조차도 나에게는 은혜가 있으니 보답하는 것이 마땅할 것이다.

염불하여 정토에 왕생하는 것이 비록 자기를 제도하는 것처럼 보일지라도 실제로는 널리 모든 중생을 제도하여 은혜를 갚는 것이다. 아직 무루(無漏)의 몸을 얻지 못했다면, 중생을 제도하는 보살도가 결코 쉽지 않을 것이다. 비유하자면, 부서진 배로 물에 빠진 사람을 구하려는 것과 같다. 부서진 배로는 다른 사람을 구하기는커녕 자신도 물에 빠져 죽게 한다.

정토에 왕생하면 부처님을 뵙고 불법을 들어서 무생법인을 증득할 수 있다. 그렇게 되면 앞에서 말한 삼륜의 힘을 얻어 시방세계의 모든 중생을 제도할 수 있다. 이것이 중생의 은혜에 진실로 보답하는 것이다. 또한 지금까지 설명한 네 가지 은혜에 모두 보답할 수 있으며, 삼계의 모든 중생을 구제할 수 있으니 그 뛰어난 공덕을 말로 다 표현할 수 없다.

　　삼계는 중생이 태어나고 죽음을 반복하며 윤회하는 미혹의 세계를 말한다. 삼계에는 욕계(欲界), 색계(色界), 무색계(無色界)의 세 가지가 있다. 욕계는 식욕, 음욕, 수면욕의 욕망을 가진 중생이 사는 세계이다. 이 욕계 안에 지옥, 아귀, 축생, 수라, 인간, 천상의 여섯 길 즉 육도가 있다. 욕계의 천상은 육욕천(六欲天)이다. 색계는 욕망을 여읜 중생이 사는 곳이고, 사선천(四禪天)으로 이루어져 있다. 무색계는 정신만 존재하는 곳으로 물질을 여의는 사무색정(四無色定)을 닦은 중생이 사는 곳이다.

　　욕계의 중생은 자신이 지은 선업과 악업의 과보에 따라서 육도를 따라 윤회한다. 선업을 쌓으면 천상과 인간, 수라의 세 가지 선도(善道)에 나서 복락을 누린다. 악업을 쌓으면 지옥과 아귀, 축생의 세 가지 악도(惡道)에 나서 고통을 받는다. 만약 선업을 쌓으면서 선정을 닦으면 색계와 무색계에 나게 된다. 원인이 있으면 반드시 과보가 따르는 것이니, 원인과 과보는 결코 없어지지 않는다.

삼계를 아홉 가지로 나누어 구지(九地)라고 이름하기도 한다. 구지(九地)의 첫 번째는 욕계의 오취잡거지(五趣雜居地)이다. 욕계에 과보가 서로 다른 천, 인, 아귀, 축생, 지옥의 중생이 뒤섞여 살기 때문이다. 다음으로 색계의 초선천(初禪天)은 이생희락지(離生喜樂地)이고, 이선천(二禪天)은 정생희락지(定生喜樂地), 삼선천(三禪天)은 이희묘락지(離喜妙樂地), 사선천(四禪天)은 사념청정지(捨念淸淨地)가 된다. 무색계는 각각 공무변처지(空無邊處地), 식무변처지(識無邊處地), 무소유처지(無所有處地), 비상비비상처지(非想非非想處地)가 되므로 모두 아홉 가지이다.

또한 삼계를 넓게 나누면 스물다섯 가지의 유(二十五有)로 나누기도 한다. 어떻게 나누고 이름을 붙이든 모두 원인이 있으면 결과가 반드시 있는 것이니, 지은 업에 따라 그 과보를 받는다.

염불수행은 자기를 제도하고 다른 사람도 제도하겠다는 발심을 삼계의 모든 중생에게 넓히는 것이다.『금강경』에 이르기를 "세상에 있는 일체의 모든 중생 즉 알에서 난 것, 태에서 난 것, 습기에서 난 것, 변화로 난 것, 형색이 있는 것, 형색이 없는 것, 생각이 있는 것, 생각이 없는 것, 생각이 있는 것도 아니고 생각이 없는 것도 아닌 것들을 내가 모두 무여열반(無餘涅槃)에 들게 하여 남김없이 제도할 것이다."라고 하였다. 이 말씀은

삼계의 모든 중생을 제도한다는 것이다. 이와 같이 염불법문도
모든 중생을 제도하는 길이다.

불도(佛道)를 이루게 하는 염불

어떤 사람이 말하기를 "염불(念佛)은 지극히 쉬운 일이고, 성불(成佛)은 참으로 어려운 일이며, 불도(佛道)는 매우 멀다. 경전에 이르기를 '반드시 세 번의 큰 아승지 겁 동안 육도에서 만행을 부지런히 닦아야 비로소 이룰 수 있다.' 고 하였다. 그런데 어떻게 염불로 쉽게 성불할 수 있겠는가?"라고 묻는다.

이것은 수행법을 잘 모르기 때문에 하는 말이다. 수행법에는 문득 깨닫는 돈(頓)과 점차로 수행하는 점(漸)의 방법이 있다. 만약 점차적으로 수행하는 길이라면 세 아승지 겁 동안 수행하고 백 겁 동안 인행(因行)을 닦아야 비로소 불도를 이룰 수 있다. 그러나 문득 깨닫는 돈(頓)의 길이라면 아승지 겁 동안 수행하지 않고도 법신(法身)을 얻을 수 있다. 이것은 일률적으로 논할 수 없는 것이다.

염불은 바로 횡(橫)으로 생사를 뛰어넘어 속히 깨달음에 이르는 원돈법문(圓頓法門)이다. 다만 사람들이 즐겨 염불하지 않는 것이 염려될 뿐이다. 비록 성불하지는 못하더라도 만약 일생 동안 게으르지 않고 정진하면 불과(佛果)는 자연히 얻을 것이다. 연종(蓮宗)의 제2조인 광명(光明) 선도(善導) 대사가 이르기를,

"원컨대 모든 사람들은 잘 생각하여 다니거나 머물거나 앉거나 눕거나 언제나 마음을 잘 다스려 밤낮으로 쉬지 않고 염불하라. 그러면, 임종에 다다랐을 때 한 생각에 목숨을 마치고 다음 생각에 정토왕생하여 영겁토록 무위(無爲)의 즐거움을 누리며, 곧 성불에 이르게 되니 어찌 즐겁지 아니한가?"

라고 하였다. 선도 대사는 일생동안 염불법문만 오롯이 닦았다. 한 번 염불하면 입에서 광명이 한 번 나왔고, 백 번 천 번 염불하면 광명도 또한 그렇게 나왔다. 그러므로 선도 대사의 말씀을 깊이 믿고 더욱 간절한 발원으로 진실하게 수행에 전념해야 할 것이다.

그리고 문수보살이 연종(蓮宗)의 제4조인 오회(五會) 법조(法照) 대사에게 말씀하시기를 "모든 수행문 가운데에서 염불보다 더 나은 것이 없다."고 하였다. 하루는 법조 대사가 오대산 대성(大聖) 죽림사(竹林寺)에서 문수보살과 보현보살을 친견하였다. 두 보살이 각각 좌우로 나누어 앉아서 함께 금빛 팔을 펴서 대사의

정수리를 어루만지며 말씀하시기를, "그대는 염불을 하기 때문에 머지않아 위없는 바른 깨달음을 얻을 것이다. 만약 빨리 성불하기 원하는 선남자와 선여인에게 염불보다 더 뛰어난 것이 없으니, 염불하면 빨리 위없는 깨달음을 얻게 될 것이다."라고 하였다.

문수보살과 보현보살께서 직접 염불수행하면 성불할 수 있다고 가르치셨는데, 어떻게 감히 의심할 수 있겠는가? 염불수행자는 모든 부처님께서 자비로 호념하며, 아미타 부처님께서 원력으로 거두어 주시기 때문에, 임종하면 왕생하여 불퇴의 지위에 오르며, 자재로이 수행하여 곧바로 성불할 수 있다.

『아미타경』에 이르기를 "극락세계에 왕생하는 자는 모두 아비발치(阿鞞跋致)이며, 그 중에는 일생보처(一生補處)보살이 많이 있다."고 하였다. 일생보처란 한 생만 지나면 부처가 된다는 뜻이니, 한 생에 성불한다는 것이 어찌 사실이 아니겠는가?

이것은 사실을 말한 것이다. 또한 이치로 간략하게 말하면, 염불의 공이 깊어지면 염함이 없이 염하며(無念而念), 염하면서도 염이 없어(念而無念) 마음과 부처가 원융하며, 나와 남이 둘이 아니게 된다. 한 생각이 상응하면 생각과 부처가 하나가 되며, 생각생각이 상응하면 생각마다 모두 부처가 되니, 유심정토

(唯心淨土)를 증득하고 자성미타(自性彌陀)를 보게 된다. 이와 같이 되면 왕생하지 않아도 불도를 이루는 것이니 이 또한 문득 깨닫는 원돈(圓頓)의 법문이 아니겠는가?

정토 왕생은 진실하다

또 어떤 사람은 "확실히 염불하여 극락정토에 왕생하는가?"라고 묻기도 한다. 그러나 믿음과 발원, 수행의 세 가지 자량을 갖추면 반드시 정토에 왕생할 수 있다. 영명(永明) 대사가 말하기를 "선(禪)이 없고 정토(淨土)만 있어도 만 명의 사람이 수행하여 만 명이 정토에 간다."고 하였다.

그리고 『정토왕생집(淨土往生集)』에는 출가수행자를 비롯하여 재가불자들이 염불하여 왕생한 사례가 이루 셀 수 없이 많다. 임종에 이르렀을 때 모두 정토에 왕생했다는 증험(證驗)이 있었다. 어떤 사람은 때가 이르렀음을 알았고, 어떤 사람은 단정하게 앉아서 떠났다. 어떤 사람은 몸에서 신비로운 향기가 났고, 또 어떤 사람은 하늘의 음악이 공중에서 들려왔다. 이런 증험을 두고 어떻게 왕생이 헛된 말이라고 하겠는가?

송⁽宋⁾나라 때 호남⁽湖南⁾의 담주⁽潭州⁾ 지방에 황타철⁽黃打鐵⁾이라는 대장장이가 살았다. 가족이 모두 넷이었는데 전부 노동으로 어렵게 생활했다. 하루 일하지 않으면 하루 먹을 수 없었다. 황타철은 늘 전생에 복을 짓지 못해서 현생에 고통을 받는다고 생각하였다. 그는 수행을 하고 싶었지만 어떤 수행을 해야 하는지 몰랐고, 수행할 여가도 없었다. 어느 날 스님 한 분이 대장간 앞을 지나가는 것을 보고는 안으로 모셨다. 스님께 차를 대접하면서 일을 하면서도 할 수 있는 수행법을 가르쳐달라고 청하였다. 그를 불쌍하게 여긴 스님이 말하였다.

"그런 수행방법이 있지만, 단지 그대가 믿지 않을까 두렵소."

"스님께서 가르쳐주시는 것을 제가 어찌 믿지 않겠습니까?"

"그대가 참으로 고통을 떠나고 즐거움을 얻기를 바란다면 말해주겠소. 이 사바세계는 참된 즐거움이 없소. 오직 아미타 부처님의 서방정토에는 고통이 전혀 없고 즐거움만 받는다오. 그 정토에 태어나기를 바란다면 단지 일심으로 '나무아미타불'을 부르기만 하면 되오. 그 염불이 생각마다 끊어지지 않으면 임종할 때 부처님의 영접을 받아서 곧 그 정토에 왕생하게 된다오.

이렇게 염불하시오. 손으로 풀무를 잡아당길 때 한 번 '나무아
미타불' 하고 염하고, 풀무를 밀 때 또 한 번 '나무아미타불' 하
고 염해서, 쇠가 벌겋게 달구어져서 나올 때까지 염하시오. 또한
쇠망치로 한 번 내려칠 때마다 '나무아미타불' 하고 염하시오.
망치질을 하지 않을 때도 염해서 잠들 때까지 염불하시오. 이와
같이 염불하면 그대가 임종을 맞았을 때 서방의 극락정토에 왕
생할 수 있을 것이오."

황타철은 스님의 가르침을 듣고 매우 기뻐했다. 수행도 하
면서 일도 할 수 있다는 말을 굳게 믿고 가르침대로 따랐다. 그
러나 주변 사람들은 그를 어리석다고 비웃었다. 황타철은 본래
고생이 많았는데 다시 염불하는 고생을 더하니, 고생에 고생이
붙었다면서 그를 비웃었다. 그러나 황타철은 그런 말을 듣지 않
고 열심히 염불하였다. 그는 여러 날 염불을 하고 나서 더 깊은
믿음이 생겼다. 쇠를 두드리는 일은 본래 힘들었으나 그는 더욱
염불을 열심히 해나갔으니, 어찌 고생에 고생을 더하는 것이 아
니겠는가? 그러나 황타철은 그렇지 않았다. 며칠 간 염불하니
더욱 깊은 믿음이 생겼다.

"이 염불법문은 참으로 유익하구나. 내가 평소에 화로 옆
에 있을 때는 뜨거워서 고통스러웠고, 쇠를 두드리면서 몹시 힘

들었다. 그런데 이제 염불을 하니 뜨거움도 느끼지 못하고 힘든 줄도 모르겠구나."

그리하여 그는 염불에 더욱 정진하였다. 삼 년이 지난 어느 날 자신이 임종할 때가 온 것을 알게 되었다. 그는 스스로 머리를 깎고, 목욕하고 깨끗한 옷으로 갈아입고 나서는 아내에게 말했다.

"나는 이제 집으로 돌아가야겠소."

"당신 집은 여기인데, 여기 말고 다른 곳에 또 집이 있나요?"

"이곳은 내 집이 아니오. 내 집은 서방극락세계에 있소."

그는 이렇게 말하고는 평소처럼 화로에 쇠를 넣고 쇠가 벌겋게 달구어질 때까지 염불하면서 게송을 읊었다.

"딩딩당당 오래 담금질하여 강철을 만드는구나.
태평이 가까이 오니 나는 서방으로 간다

釘釘鐺鐺, 久煉成鋼, 太平將近, 我往西方."

그리고는 망치로 쇠를 내려치면서 '나무아미타불' 이라고 크게 한 번 부르고는 곧바로 선 채로 세상을 떠났다. 그때 그의 몸에서는 신비한 향기가 나고, 공중에서 하늘의 음악이 들렸다. 이것은 아미타 부처님께서 영접하여 왕생하는 상서였다. 이웃의 모든 사람들이 음악을 듣고 향기를 맡았으며 놀라지 않는 이가 없었다.

이런 상서가 있은 후 담주 지방의 모든 사람들이 염불을 하였으며, 지금까지도 염불이 성하게 되었다. 예나 지금이나 얼마나 많은 사람들이 왕생하였는지 믿지 않을 수 없다.

또 어떤 사람은 "시방세계의 무량한 중생이 모두 염불하여 왕생한다면 극락세계는 어떻게 그 많은 중생을 다 수용할 수 있겠는가?"라고 묻는다.

그러나 푸른 바다는 온갖 강물이 다 흘러들어가도 넘치지 않고, 거울은 만 가지 모습을 담아도 또 담을 수 있음을 모르고 하는 말이다. 세간의 사물도 이러한데, 하물며 아미타 부처님의 광대한 원력과 불가사의한 힘으로 성취된 끝없는 장엄 국토에 어찌 무량한 중생을 수용할 수 없겠는가?

극락 정토는 실재한다

또 어떤 사람이 말하기를 "천의(天衣) 회(懷) 선사가 연종(蓮宗)에 대해 말하기를 '왕생하는 것은 반드시 왕생하는 것이나, 가는 것은 실제로 가는 것은 아니다.'라고 하였다. 그런데, 당신은 실제로 정토에 왕생한다고 말한다. 어째서 선사의 말과 서로 다른가?"라고 하였다.

그러나 나의 말은 회(懷) 선사의 말과 서로 다르지 않다. 선사는 실상(實相) 염불로 왕생하는 것을 말하였다. 진제(眞諦)와 속제(俗諦)는 서로 어긋나지 않으며, 이(理)와 사(事)는 장애가 없다. 선사의 말을 따라할 뿐 그 뜻을 모르고 하는 말이다. "왕생하는 것은 반드시 왕생하는 것이다."는 말은 속제의 사법계(事法界)의 관점에서 말한 것이며, "가는 것은 실제로 가는 것이 아니다."는 말은 진제의 이법계(理法界)의 관점에서 말한 것이다. 이것은 곧 유심정토(唯心淨土)를 말하는 것으로, 자력(自力)과 타력(他力)이 조금도 떨어지지 않으니, 가고 오는 모습을 어찌 얻을 수 있겠는가? 성암(省庵) 대사가 보리심을 내어 염불왕생의 게를 지었다.

몸은 연꽃 가운데에서 부처님 앞에 나타나고,
부처님의 광명이 금빛 연꽃에 비치네.

몸은 부처님을 따라 왕생하였으나,
가고 옴이 없는 일이 완연하네.
身在花中佛現前 佛光來照紫金蓮
身隨諸佛往生去 無去無來事宛然

    그러므로 정토왕생에 대하여 의심할 필요가 없다. 만약 조금이라도 의심이 있다면 그것은 믿음이 깊지 않고 발원이 간절하지 못한 것이다. 또한 유심정토(唯心淨土)라는 말은 결코 서방극락세계가 없다는 것이 아니다. 청정하고 장엄한 불국토는 곧 참된 마음의 체(體)가 시방의 무량한 세계에 두루함을 가리키며, 서방극락세계도 또한 자심(自心) 밖을 벗어난 것이 아니다. 그러므로 유심정토라고 한 것이다.
    염불수행자는 유심(唯心)의 뜻을 잘못 이해하지 말아야 한다. 만약 유심이라는 말을 거론하면서 서방정토가 없다고 해서는 안 된다. 『아미타경』에서 석가모니 부처님께서 사리불에게 이르기를 "여기서 서쪽으로 10만 억 불국토를 지나면 한 세계가 있는데 그 이름을 극락이라 한다. 그 세계에 아미타 부처님이 계시어 지금 현재 설법하고 계신다."라고 하였다. 이것이 어떻게 사람을 속이는 말이겠는가? 부처님은 깨달은 분으로 결코 중생을 속이지 않으신다. 그리고 서방극락세계가 눈에 보이지 않는다고 하여 극락세계를 없다고 말할 수 없다. 우리가 서양(西洋)의 땅을 눈으로 직접 보지 않았다고 하여 서양이 없다고 할 수 있겠는가?

그리고 일념으로 염불하면 반드시 성불하게 된다. 『법화경(法華經)』에 이르기를 "만약 어떤 사람이 탑묘(塔廟)에 들어가 흩트러진 마음으로 '부처님께 귀의합니다' 라고 한 번만 하여도 모두 불도(佛道)를 이룬다."라고 하였다. 마음이 산란한 사람이 부처님을 한 번만 불러도 성불하는데, 목숨을 마칠 때까지 일념으로 끊이지 않고 염불하는 이가 어떻게 성불을 못하겠는가?

부처님을 뵙는다는 뜻

『능엄경(楞嚴經)』의 「대세지보살원통장(大勢至菩薩圓通章)」에 이르기를 "부처님을 생각하며 염불하면 현재와 다가오는 미래에 반드시 부처님을 볼 수 있으며, 부처님께 가는 것이 멀지 않다(憶佛念佛, 現前當來, 必定見佛, 去佛不遠)."고 하였다. 여기서 '부처님께 가는 것이 멀지 않다' 는 구절은 곧 염불하면 성불한다는 뜻을 밝힌 것이다.

그리고 '현재에서 부처님을 본다(現前見佛).' 는 것이 무엇인가? 어떤 사람이든 온 마음으로 간절히 염불하면 항상 꿈속에서 부처님을 뵙게 된다. 나는 일찍이 꿈속에서 극락세계와 아미타 부처님을 뵈었고, 설법도 들었다. 그때 아미타 부처님께서 나에게 스스로 수행하여 다른 이를 교화하고 염불의 바른 법을 수지하라고 말씀하셨다. 그래서 나는 36세부터 선과 염불을 함께 닦았고, 삼귀의계를 줄 때나 경전을 가르치는 법회에서 대중에게 발심염불하여 정토에 왕생하기를 발원하라고 권하여 왔다. 수행 가운데 염불수행이 가장 온당하다. 그러니 마땅히 지명염불(持名念佛)로 정행(正行)을 삼고, 여러 가지 선업을 닦는 것은 조행(助行)으로 삼아야 한다. 정행과 조행을 함께 행하면 순풍을 만난 배에 노를 젓는 힘이 더해지는 것이니, 극락정토에 왕생할 뿐만 아니라 그 품계도 높을 것이다.

또는 염불 삼매에 들어서 부처님을 뵙기도 한다. 연종(蓮宗)의 초조(初祖)인 혜원(慧遠) 대사는 여산 동림사에서 연사(蓮社)를 결집하고 오로지 염불수행을 하면서 30년 동안 산문 밖을 나가지 않았다. 대사는 삼매에 들어서 세 번이나 부처님을 뵈었지만 묵묵히 말하지 않았다.

당나라 의희 12년 7월 저녁 반야대(般若臺)에서 막 정(定)에서 나오려 할 때였다. 아미타 부처님의 몸이 허공에 가득하며,

밝은 빛 가운데 여러 화신불과 관세음보살, 대세지보살이 좌우에 시립하고 있었다. 물이 흐르며 광명이 열네 갈래로 나뉘어 위, 아래로 돌아 흘렀다. 또한 고(苦)와 공(空), 무상(無常)과 무아(無我)를 설법하는 소리가 들렸다. 부처님께서 대사에게 "내가 본원력(本願力)으로 와서 너를 위로하노니, 너는 7일 뒤에 나의 국토에 왕생할 것이다."라고 말씀하셨다. 그리고 함께 결사를 맺은 이들 가운데 먼저 입적한 불타야사(佛陀耶舍), 혜지(慧持), 혜영(慧永), 유유민(劉遺民) 등이 부처님의 곁에 서서 "스승님께서는 일찍 발심하였는데, 오시는 것이 어찌 이렇게 늦습니까?"라고 말하였다.

이것은 모두 정(定)에 들어 부처님을 뵈었다는 명백한 증명이다. 그 후 8월 7일에 대사는 대중을 모아놓고 이별을 말하였다. 그리고 제자인 법정(法淨)과 혜보(慧寶)에게 "내가 여기 머물면서 11년 동안 성스러운 모습을 세 번 뵈었다. 이제 다시 뵈었으니 나는 반드시 정토에 왕생할 것이다."라고 말하였다. 곧 유훈을 남기고 단정하게 앉아 염불하면서 입적하였다. 그때 방에는 신비한 향기가 가득하였고 공중에서 하늘의 음악이 들렸다. 제자들이 여산의 서쪽에 탑을 세우고 대사의 육신을 봉안하였다.

무엇이 '미래에 부처님을 본다(當來見佛)'는 것인가? 염불의 공을 이루어 왕생할 때가 되면 임종에 이르러 직접 영접하러 오시는 아미타 부처님을 뵙게 된다. 그리고 보배연꽃에 몸을 의탁하여 꽃이 피면 부처님을 뵙고 친히 수기를 받아 무생법인을 증득하여 일생보처 보살이 된다. 이것은 항상 부처님을 볼 뿐만 아니라 또한 성불하는 것이다.

이와 같이 염불은 생사윤회의 흐름을 횡으로 끊고, 빨리 위없는 바른 깨달음에 이르는 원돈(圓頓)의 뛰어난 법문이다. 고통을 여의고 즐거움을 얻으며, 범부에서 벗어나 성인이 되고자 하는 이는 누구든지 마땅히 지명염불법을 위없이 뛰어난 유일한 법으로 알고 목숨이 다할 때까지 힘써 수행해야 할 것이다.

부록 — 덤불영험기

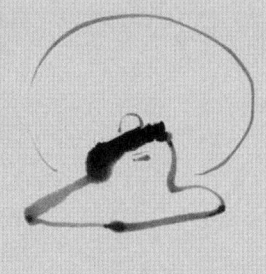

- 염불로 목숨을 건지고 광명을 비추다
- 부처님의 광명이 몸을 보호하다
- 죽음의 액난에서 벗어나다
- 원귀를 물리치다
- 귀신이 물어가고 병이 낫다
- 고양이의 원한을 풀게 하다
- 지옥의 괴수를 물리치다
- 임종시 원귀를 물리치고 왕생하다
- 숙세의 원혼을 제도하다
- 전생에 도살한 소의 영혼을 제도하다
- 어느 비구스님의 전생 기억

염불로
목숨을 구하고
광명이 비치다

∴   "사람의 목숨은 숨 한번 들이쉬고 내쉬는 사이에 있다."는 말씀은 나에게는 조금도 거짓이 아니었다. 심근경색을 앓고 있던 나는 3년 동안 두 번이나 심장발작을 겪었다. 고비를 넘긴 후 자세히 회상해보니 그때 내가 받은 고통은 바로 내가 집에서 도살한 돼지가 겪은 고통과 같은 것이었다.

1993년 당시 진(鎭, 우리나라의 면과 같은 행정단위)의 대표를 맡고 있던 장금문(張金文) 선생이 나를 찾아와 차를 좀 밀어줄 것을 청하였다. 나는 감기가 든 상태여서 몸이 별로 좋지 않았는데, 힘껏 차를 밀고나서 갑자기 심장에 격렬한 통증이 오면서 쓰러졌다. 장선생이 그때의 이야기를 나중에 해주었다. 당시에 이미 나는 쇼크상태여서 만약 즉시 응급조치를 하지 않았다면 죽을 수도 있는 상황이었다고 한다. 비록 겉으로 보기에는 이미 죽었지만, 심식(心識)의 감각은 여전히 남아있어서, 심장의 통증이 심해질수록 몸의 사대(四大)가 분리되는 듯한 고통을 느끼고 있었다. 생각생각에 끊어지지 않고 항상 염불해야 임종에 다달아 비로소 정념(正念)을 잃지 않을 수 있다는 것을 거듭 강조하고 싶다.

장 선생이 쓰러진 나를 차에 실어 자신의 집으로 옮겨놓고 구급차를 기다리고 있을 때, 나는 장 선생이 집안 사람들을 고함쳐 부르는 소리와 서로 나누는 대화를 명료하게 듣고 있었다. 일찍이 내가 그 가족에게 염불을 권해서 장 선생의 부인과 그 모친이 모두 와서 나를 위해 염불을 해주었다.

그때 신기한 일이 생겼다. 그들이 염(念)하는 부처님 명호 한 구절 한 구절이 모두 허공에서 빛을 발하면서 나타났다. 즉시 내 몸도 가벼워지면서 고통이 사라지는 것을 느꼈다. 그때 나는 사람마다 염불하면서 발하는 광명의 밝기와 시간이 다르다는 것을 알았다. 장 선생의 부인이 평소에 아침저녁으로 염불을 해온 까닭에 다른 사람들보다 더 밝고 오래 지속되는 것을 볼 수 있었다.

그들의 인도를 받으면서 불현듯 나도 염불을 해야겠다는 생각이 들어서 염불을 했다. 그때 나는 자신이 직접 하는 염불의 광명이 특히 더 밝고 더 오래 지속되는 것을 알았다. 다른 사람이 우리를 위해 염불할 때는 우리는 그 공덕의 7분의 1만 받는다고 한 『지장경』의 말씀이 조금도 틀리지 않다는 것을 알 수 있었다.

　　심장발작으로 심신이 압박받고 있을 때, 나는 다행히 장 선생 가족이 도와주는 조념염불의 광명과 인도로 정념으로 염불할 수 있었고, 그래서 고통을 덜고 혼란에서 벗어날 수 있었다. 구급차가 병원에 도착했을 때, 이미 상태가 너무 나빠서 다른 병원으로 이송되었는데, 그 병원의 의사도 나를 보고는 이미 저승으로 갔으니 의학적인 처치를 할 수 없다고 하였다. 그리고는 직계가족의 동의가 있어야 시술을 할 수 있다 하였다. 장 선생은 그 말에 화가 나서 의사와 다투었다. 그는 직계가족이 도착하려면 시간이 한참 걸릴 텐데 그러면 환자를 살릴 기회를 놓치게 된다며 화를 냈다.

　　그 대화를 듣고 있던 나는 조급한 마음에 그만 전심(全心)으로 염불하는 것을 잊어버렸다. 그때 내 옆에 있던 사람은 장 대표 한 사람뿐이라서 염불을 도와주는 사람이 없어서 부처님의 가피를 받을 수 없었다. 당시 나는 정말로 참담한 심정이었다. 즉시 나는 내가 깊은 곳으로 떨어져 내려가는 것을 느꼈다. 구름 비행기를 탄 것같이 빠르게 줄곧 떨어지는데 마치 한빙 지옥에 이른 것 같았다. 아래로 내려갈수록 더 어둡고 추웠다. 온 몸을 칼로 베는 것처럼 고통스러웠다. 그때 내가 느낀 감각을 표현하자면, 경전에 이른 것과 같이 '바람칼로 온 몸을 도려내는' 것이다.

　다행히도, 평소에 염불을 열심히 해온 공덕이 있어서 위기 일발의 시점에 선근(善根)이 작용하였다. 이렇게 고통스러운 가운데 염불 일념이 문득 떠오른 것이었다. 슬프게 한 구절의 '아미타불'을 토해내었다(나중에 들었는데, 이때 내가 한 염불소리가 커서 병원 사람들이 모두 들었다고 한다). 참으로 불가사의한 것은, 그 즉시 눈앞에 조그마한 광명이 나타났다. 곧이어 다시 '나무아미타불'을 염하자 그 광명은 앞에서 더 크게 커졌다. 그러자 몸이 가벼워졌고 눈을 뜨고 다시 깨어나게 되었다. 사람들의 휘둥그레진 눈을 보면서, 나는 내가 저승의 귀신문에서 나와 죽음에서 벗어난 것을 알았다.

부처님의 광명이
몸을 보호하다

···   위서금(衛瑞錦) 씨는 29세 때 토성(土城) 승천사(承天寺)에서 부처님께 귀의한 남자다. 비록 스님께서 염불하라고 가르쳤지만 그 자신은 좌선에 흥미가 있었기 때문에 바쁜 중에서도 좌선을 할 뿐, 근본적으로 염불할 마음을 내지 않았다. 그후 대략 반 년 정도 지난 8월 26일 아침에 가스가 폭발하여 심한 화상을 입고 정신을 잃었다. 전신의 55% 이상 화상을 입었는데, 대부분 상반신의 중요부위였다. 다음은 그분이 직접 겪은 이야기이다.

　　내가 정신을 잃고 혼미해지자 의식이 흐리멍텅해지면서 주변이 갈수록 음랭하고 사방이 검고 어두워졌다. 마음속으로 점점 더 두려움을 느꼈다. 마치 어떤 사람이 나를 강제로 데려가는 것 같았다. 너무나 공포스러웠고, 죽음이 두려워 살아나려고 발버둥쳤다.

　　화상을 입은 정도가 너무 심했기 때문에 몸을 마음대로 움직일 수 없었다. 인명무상(人命無常)이라는 말을 이때 체득할 수 있었다. 몸을 제대로 가누지 못하는데 갑자기 부처님께 귀의할 때 스님께서 가르쳐주신 염불이 떠올랐다. 나는 마음 속으로 간절하게 '나무아미타불, 나무아미타불, 나무아미타불….' 염불하였다. 부처님께서 목숨을 구해주실 것을 간절히 빌면서 필사적으로 염불하였다. '나무아미타불, 나무아미타불, 나무아미타불….'

　　한참 염불을 하고 있는데, 갑자기 한 줄기 광명이 온몸을 덮더니 한 순간에 모든 흑암과 한랭, 공포가 없어졌다. 광명이 내 몸을 비추자 추운 겨울에 태양이 비추는 것처럼 따뜻해지고 편안해졌다. 그러면서 이상하게도 마음이 평안해지면서 몸에서도 고통이 사라졌다.

　　아미타 부처님께서 광명을 놓아 나를 구하신 것이라고 느꼈다. 그 광명은 매우 강하고 밝았다. 마치 풍차가 돌 듯 "쏴, 쏴" 하면서 천천히 회전하였다. 그리고 아기가 어머니를 의지하는 느낌처럼 친밀하고 포근하며, 모든 근심과 걱정이 사라졌다. 모든 것을 놓아버리자 온 세상이 공활(空豁)하며 매우 가볍고 편안하며 자재하였다.

　　마치 부처님의 광명 속에 싸여 있는 것처럼 나는 마음속으로 매우 자연스럽게 염불했다. 부처님의 명호를 염하고 염하는 가운데 사람들이 부르는 소리가 들렸다. 주변의 남자와 여자들이 "그가 깨어났다. 그가 깨어났어!"라며 고함치는 소리였다. 그때 광명이 사라지면서 내가 다시 이 세계로 돌아왔음을 느꼈다.

　　사실 가스폭발 며칠 전 나는 좌선을 하던 중에 이상한 일을 겪었다. 그날 좌선하면서 마음이 매우 고요해졌을 때 갑자기 두세 사람이 매우 흉악스럽게 나를 가리켜 말하는 것이 들렸다.

　　"찾았다. 찾았어! 바로 그다. 바로 그 사람이다."

　　그러자 어떤 여자가 아주 부드러운 목소리로 말했다.

　　"다시 원한을 품고 서로 보복해서는 안 된다. 내가 너희들이 천도될 수 있도록 도와줄게. 좋지? 이 사람은 선근이 많으니 너희들은 그의 목숨을 끊지 말아야 한다."

　　그러나 그들은 놓아주지 않으려 하였다.

　　"안 돼! 안 돼! 우리들은 반드시 그를 찾아 빚을 받아야 마음이 편해져."

　　그 여자가 다시 그들에게 그러지 말 것을 권하는 소리가 들렸으나 그들은 기어코 나를 해치려 하였다. 나는 그런 소리를

○

　　들고는 모골이 송연하여 계속 좌선을 할 수 없었다. 하지만 그들의 대화내용이 내 머릿속을 여전히 맴돌면서 매우 불안했다. 그리고 나서 2, 3일 후 이런 사고가 발생한 것이다.

　　길흉화복은 모두 우리가 스스로 지은 업(業)이며, 원인이 없으면 결과도 없는 것이다. 절대로 원인을 만들지 않았는데 과보를 받는 경우는 없다. 내가 이런 사고를 당한 것은 틀림없이 전생에 그들에게 나쁜 일을 저지른 것이 분명하다고 느꼈고, 그래서 이 과보를 기꺼이 받아들이기로 하였다. 본래 나는 죽었어야 할 과보인데 죽지 않고 살아난 것은 염불 공덕으로 무거운 업의 과보를 가볍게 받은 것이다.
　　『금강경』에도 나온 것과 같이, 만약 어떤 사람이『금강경』을 독송하여 사람들에게 멸시를 당하면 그것은 악도에 떨어질 중한 업이 가벼운 업으로 바뀌는 것과 같은 것이다. 그래서 나는 이것을 매우 다행한 일로 여겼다. 만약 그때 염불하지 못했으면 죽어서 틀림없이 삼악도에 떨어졌을 것이다.

죽음의 액난에서
벗어나다

　…　　　　　　　　나는 금년(1990년)으로 70세가 되었다. 40여 년 전 항주(杭州)의 유명한 점성가인 보천구(普天球)와 요상림(姚祥林)에게 사주팔자를 본 적이 있는데 그때 두 사람 다 나의 수명이 51세라고 하였다.

　　나는 그 말을 듣기 전에도 본래 인생의 간난신고(艱難辛苦)와 온갖 풍파는 어찌할 수 없는 것이라서 속수무책으로 감내해야만 하는 것이라고 생각했었다. 그러나 당시 전덕극(戰德克)이 쓴 『기도지귀(歧途指歸, 覺海慈航)』를 읽고 크게 느낀 바가 있어서 근본적으로 운명을 바꿀 방법을 찾게 되었다. 그 방법은 바로 보리심을 발하여 일심으로 염불하여 정토왕생을 구하는 것이었다. 그 후 날마다 '십념염불(十念念佛)'을 지속하였다. 당시 나는 내 수명이 51세라는 예언은 마음에 새겨두지 않았다.

　　1950년 나는 큰 국영기업에 들어가게 되었다. 날마다 업무와 갖가지 학습, 운동 때문에 비교적 긴장된 생활을 하였지만 남몰래 염불을 지속하면서 '번개가 쳐도 움직이지 않고 바람이 불어도 넘어지지 않는' 견고한 신심을 갖는 경지에 이르렀다.

1971년, 내 나이 51세가 되는 해였다. 그해에 나는 운동을 하다가 다쳐서 몸이 좋지 않았다. 1분당 심장 박동수가 100까지 자주 올라갔고 또 치질로 대량의 출혈이 있었다. 그럼에도 운동과 각종 학습 일정이 너무 빡빡해서 치료받으러 갈 시간조차 없었다.

그해 4월 3일 저녁은 평생 잊지 못할 것이다. 그날 잠을 잘 무렵 평소 습관대로 침대에서 합장하고 "나무아미타불" 열 번을 묵념하였다. 그런데 갑자기 심장이 엄청난 속도로 뛰는 것이었다. 마치 심장이 몸 밖으로 튀어나올 듯이 뛰면서 가슴이 심하게 답답해졌다. 원래 내가 머물던 기숙사의 전등은 밝았는데 갑자기 칠흑같이 어두워지더니 내 앞에서 10여 미터 정도 되는 곳에 귀신의 그림자가 왔다 갔다 하는 것이 보였다.

그때 어디서 그런 힘이 나왔는지는 모르겠지만, 나는 조금도 두렵지 않았다. 계속해서 염불에 몰두하였다. 약 2분 정도 후에 금색 찬란한 모습이 나타났는데 당시의 장엄한 모습은 정말로 형용하기 어렵다. 그러자 시커먼 귀신의 그림자는 종적도 없이 사라지고, 내 오른쪽 위에서 금빛으로 찬란하게 빛나는 아미타 부처님의 오른손을 내린 장엄한 모습이 보였다. 나는 예배를 올리지 않고 여전히 합장한 채로 염불을 계속했다. 염불소리에 따라 심장박동이 점점 정상으로 회복되는 것이 느껴졌다. 비몽사몽(非夢似夢) 속에서 기숙사의 전등은 여전히 밝게 빛나고 있고, 나는 합장한 채 입으로 염불하고 있는 것을 보았다.

이보다 더 불가사의한 일이 일어났다. 치질 때문에 대량으로 출혈이 생겼던 곳에 아무 약도 쓰지 않았는데 그 다음날 출혈이 멈추고, 심박수도 분당 80회 정도로 안정을 찾았다. 부처님의 가피로 죽음의 문턱에서 벗어나게 된 것이었다.

그 전까지만 해도 일심염불은 단지 극락왕생만을 위한 것인 줄로만 알았지 바로 지금 이 자리에 부처님의 대자대비가 미치지 않는 곳이 없음을 몰랐다. 일심으로 염불하는 사람이 큰 재난이나 병고를 만나게 되면 아미타 부처님께서 그 소리를 듣고 감응하여 가피를 내려 액난에서 벗어나게 해 주실 것이다.

평상시에도 이러하니 임종에 이르러 일심으로 염불하면 당연히 아미타 부처님의 영접을 받아 극락세계에 왕생할 수 있을 것이다. "염불법문은 만 명의 사람이 닦으면 만 명의 사람이 다 왕생하며, 만에 하나도 빠뜨리지 않는다."는 인광 대사의 법문을 나는 지금 더 깊이 믿으며 의심하지 않는다.

원귀(寃鬼)를 물리치다

　　　　　　　　석현진(釋顯眞) 스님은 사천성(四川省) 출신으로 자(字)는 서귀(西歸)이다. 출가하기 전에 현(縣)의 현장(縣長)을 역임하는 동안 많은 토적(土賊)들을 살육하였다. 출가하고 나서 오래지 않아 영파(寧波) 자계(慈溪)의 오뢰사(五磊寺)에 머물 때의 일이다. 매일 밤 많은 토적들이 피를 낭자하게 흘리면서 흉폭하게 분노하면서 창을 들고 자기에게 목숨을 요구하는 꿈을 꾸었다.

　　그때 그는 매우 두려웠지만 용맹심을 발하여 오로지 아미타불 염불에 전념하였다. 밤낮으로 쉬지 않고 정진하여서 마침내 꿈속에서도 염불을 지속할 수 있게 되었다. 그래서 꿈에 토적을 보면 염불로써 그들을 교화하였다. 그러는 동안 차츰 꿈에 나타나는 토적들이 순화되더니 수개월 후에는 다시는 보이지 않았다.

◉

　　나는 현진 스님과 가장 오랫동안 함께 지냈는데, 그는 자주 자신의 지난 일을 이야기하면서 염불공덕의 불가사의함을 찬탄하였다.

홍일(弘一) 대사가 직접 듣다.
『정종문변(淨宗問辨)』에서 발췌

귀신이 물러가고
병이 낫다

••• 사람의 질병은 대부분 업보 때문에 생긴다. 업보가 다하지 않았더라도 병이 빨리 낫기를 원하면 부처님의 가피를 구해야 한다. 세상에는 실력 있는 명의들도 치료하지 못한 병을 불보살님께 기도하여 치유된 사례가 많이 있다. 최근에 소료악(邵聊鶚) 군과 같은 경우가 염불을 통하여 구제된 사례이다.

　　소료악 군은 항주(杭州) 출신으로 19세 때 상해(上海)에서 중병을 앓게 되었다. 병원에서 치료를 받았지만 의사가 진단을 해보더니 이 병을 치료할 희망이 없다고 고개를 가로저었다. 소 군이 병원에 입원한 지 7일 후 저녁에 갑자기 소 머리에 말의 얼굴을 한 귀신들이 머리를 흔들며 그의 침대 곁을 분주히 왔다 갔다 하는 것을 보게 되었다.

　　그때 병실 안은 전등 빛이 매우 밝았고, 그의 정신도 명료하였다. 그는 이 귀신들이 자기를 잡으러 온 것이며, 자신이 곧 죽게 된다는 것을 알았다. 그래서 용기를 내어 일어나 생각했다. 만약 귀신이 있으면 반드시 불보살도 있을 것이라는 생각이 들어 "나무아미타불" 하고 큰소리로 염불하기 시작하였다. 그가 염불을 시작하자 갑자기 귀신들이 몇 발자국 뒤로 물러서며 감히 그의 몸 근처에는 접근하지 못하였다.

소 군은 "나무아미타불" 이 여섯 글자의 염불이 정말로 불가사의한 힘이 있어서 귀신의 습격도 능히 물리치는 것을 보고는 일심으로 계속 염불하였다. 귀신들이 그를 붙잡지 못하자 나중에는 염라대왕이 직접 나왔다. 염라대왕은 녹색 도포를 입고 머리에는 천관을 쓰고 있었다. 그러나 아미타불 염불소리에 수레가 멈추어 염라대왕도 소 군의 몸 가까이 다가오지 못했다.

이렇게 위급한 생사의 갈림길에서 소 군은 염불을 멈추지 않고 계속했다. 그러자 나중에는 의사들이 할 수 없이 그를 다른 병실로 옮겼다. 그 뒤에도 그는 계속 염불을 했는데, 약 5일이 지나자 갑자기 금빛 찬란한 광명이 나타났다. 마치 하늘의 유성(流星)이 떨어지는 것처럼 아래로 내려오면서 차츰 커지더니 온 세상을 비추었다. 그 광명 속에 한 분의 금빛 부처님이 공중에 우뚝 서 계셨는데, 부처님의 발 아래에는 금색 구름이 있고 부처님의 몸은 더욱 빛나고 있었다. 부처님은 왼손에 염주를 들고 합장하신 채 소 군을 마주보시며 미소 짓고 계셨다. 더 없이 자비로운 얼굴에 매우 친근한 모습이었다. 아미타 부처님이셨다.

    귀신들의 무리는 언제 사라졌는지 보이지 않았고, 잠시 후 부처님의 모습도 사라졌다. 소 군은 아미타 부처님의 강림을 친견하고 흥분했지만, 병으로 인한 고통은 이미 사라졌다. 그 다음 날 퇴원하였는데, 마치 정상적인 상태로 다 회복된 것처럼 몸이 상쾌했다.

고양이의
원한을 풀다

　　　　　　　　1998년 안휘성 구화산(九華山) 천지암에 주석하는 비구니 태(太) 스님이 나를 찾아와서 자신의 고통을 이야기하였다. 스님은 최근 매일 밤 꿈에 고양이 한 마리가 나타나 자신의 목숨을 요구한다고 했다. 너무나 두려워서 꿈에서 깨고 나면 그 밤에는 더 이상 잠들지 못한다고 하였다.
　　그러면서 스님은 자신이 어릴 때 개구쟁이라서 고양이를 물에 빠트려 죽인 적이 있다고 고백했다. 스님은 호북성(湖北省)에서 출가하여 이곳 구화산으로 왔고, 그 일은 이미 수십 년 전의 일인데 고양이가 잠을 잘 때마다 자신을 찾아온다 하니 기이한 일이 아닐 수 없다. 스님은 두려워하면서, 돈을 들여 큰절에 가서 큰스님을 청하여 구병시식이나 천도재를 올리면 어떻겠냐고 나에게 물었다. 그래서 다음과 같이 대답해주었다.

"의식을 집전하는 스님이 존경심과 청정심으로 하면 천도는 좋은 효과를 볼 수 있습니다. 하지만 지금은 대다수가 무성의하게 대충 하는 경우가 많습니다. 그러니 스님이 직접 그 고양이에게 아미타 부처님의 자비를 이야기하고 염불해주어서 극락왕생하게 하는 것이 더 낫습니다. 스님에게 원한을 품은 고양이가 극락왕생해야지 그렇지 않으면 언제 그 원한이 풀리겠습니까? 그 고양이는 수십 년 동안 당신 곁을 떠난 적이 없습니다. 당신이 이렇게 먼 곳으로 와서 출가하고 절에 머물지라도 그 원한에서 벗어나지 못했습니다. 다만 젊어서 기(氣)가 왕성(旺盛)할 때는 고양이의 그림자가 나타나지 못했지만, 지금은 늙어서 음기(陰氣)가 성하고 양기(陽氣)가 쇠해져서 꿈 속에 자신의 모습을 드러낼 수 있게 된 것입니다.

만약 아미타 부처님의 원력에 의지하여 염불왕생을 구하지 않으면 스님이 임종을 맞았을 때 더 공포스런 모습이 나타날 것입니다. 다시 말하자면 우리들이 세세생생 맺어온 원한의 상대가 어찌 이 고양이 한 마리뿐이겠습니까? 끝이 없고 다함이 없을 것인데 우리가 언제 그 빚을 다 갚을 수 있겠습니까?

그러나 대자대비하신 아미타 부처님께서 우리들의 이런 죄의 근기를 미리 아시고 불쌍히 여기시어 발원하셨습니다. 수

많은 겁 동안 수행으로 쌓은 공덕이 "나무아미타불" 여섯 글자에 담겨져 있습니다. 이 명호를 염하는 중생은 모두 극락왕생하여 성불하게 되는 공덕입니다. 단지 우리들은 일심으로 믿고 아미타 부처님께 의지하면 됩니다. 여섯 글자의 명호를 염하기만 하면 반드시 서방극락세계에 왕생할 수 있는 것입니다.

　　아미타 부처님께서는 그 고양이도 구제하여 극락세계에 이르게 하실 것입니다. 아미타 부처님의 마음은 평등하며 사람과 축생의 구별이 없습니다. 고양이가 만약 이런 사실을 알게 되면 극락정토를 구하는 마음이 우리보다 더욱 강할 것입니다. 무엇 때문에 수십 년 동안 괴롭게 당신을 따라다니면서 목숨을 요구하겠습니까? 이와 같이 스님이 스스로 믿으며 염불하고 또 고양이에게도 그렇게 설법하여 부처님을 믿고 염불하십시오. 그러면 둘 다 모두 서방정토에 왕생하게 되니 원한은 일부러 풀지 않아도 저절로 풀릴 것입니다. 이것은 일반적인 천도불사가 아닙니다. 아미타 부처님께서 직접 천도하시어 서방정토에서 성불하게 하는 것입니다."

　　대략 이렇게 말하였다. 또한 "시방의 중생이 만약 왕생하지 못한다면 나는 정각을 취하지 않겠다."는 아미타 부처님의 대비(大悲)의 서원과 "십념(十念)이라도 염불하면 반드시 왕생하는" 도리를 반복하여 말하였다.

태 스님은 매우 기뻐하면서 물었다. "내가 돌아가서 염불할 때 이 고양이를 위해 위패를 놓고 이렇게 설법해야 합니까?"

"그렇게 해도 됩니다. 하지만 반드시 그렇게 할 필요는 없습니다. 생각해보십시오. 이 고양이는 그림자처럼 수십 년 동안 당신을 따라다녔습니다. 예전에 스님이 고양이를 위해 위패를 세우지 않아도 스님 곁을 한 발자국도 떠난 적이 없습니다. 인과는 허망하지 않아서 마치 그림자가 형상을 따르는 것과 같습니다. 아마 방금 우리가 나눈 대화를 고양이는 모두 남김없이 들었을 것입니다. 그러니 마음 놓으세요. 고양이를 위해 염불하고 아미타 부처님께서 자비로 제도하시는 도리를 가르치면 고양이가 반드시 듣고 극락왕생을 원하게 될 것입니다."

3일이 지난 후 태 스님이 다시 왔다. 이번에는 기쁨이 충만하였다. 나를 만나고 사찰로 돌아갔던 그날 저녁부터 고양이가 오지 않았고, 그래서 며칠 동안 잠을 잘 잤다고 하였다.

태 스님은 겨우 고양이 한 마리를 물에 빠트려 죽게 하였는데 줄곧 붙어서 이 먼 구화산까지 따라왔고 수십 년 동안 잊지

◉

않고 있었다. 참으로 중생의 업력은 불가사의하다. 그러나, 아미타 부처님의 자비로움 가득한 서원을 듣고나서 바로 고양이가 마음에 맺힌 원한을 풀었으니, 부처님의 서원과 광명이 가득한 여섯 글자의 명호는 더욱 불가사의하다.

성안(聖安) 법사 진술, 성소(聖蘇) 법사 기록

지옥의 괴수를
물리치다

··· 인간세계에 살면서 지옥에 가서 업무를 본 사람이 있었다고 한다. 대략 십수 년 전 소주(蘇州)에 홍(洪) 거사라는 분이 있었다. 그는 열 몇 살 때 정신을 잃고 땅에 쓰러졌다. 집안사람들이 급히 의사를 청해 치료하였으나 차도가 없었다. 몸에서는 여전이 열이 높았고 정신이 혼미한 상태였다. 인사불성(人事不省)일 뿐 죽은 것은 아니라서 가족들은 장례를 치르지도 못했다. 3일 정도 지나자 그는 저절로 깨어났다.

정신을 잃고 있는 동안 그는 저승에 다녀왔다고 한다. 두 명의 저승사자가 찾아와서 부탁하여 지옥에 가서 공무(公務)를 보았다는 것이다. 인간세계로 돌아와 깨어난 뒤에 이 일을 가족에게 알리지 않았다. 그러나 그때 이후 한 해에 최소한 십여 차례는 지옥에 다녀왔고 그때마다 2, 3일 정도 걸렸다.

이런 일이 자주 생기자, 그의 가족들도 어느덧 익숙해졌다. 홍 거사가 저승세계의 관리라는 것도 알게 되었지만 그렇게 놀라지 않았다. 그는 지옥의 중생들이 겪는 고통에 대해서 매우 잘 알고 있었다. 친분 있는 스님에게 그 이야기를 조금 내비치면서 두려워했다고 한다. 그는 평생을 경건한 염불 수행자로 살았는데, 한 번은 가족들에게 자신이 겪은 일을 이야기한 적이 있다. 한 구절의 "아미타불" 염불이 인간세계에서는 너무나 평범한 것이지만 지옥에서는 그 효력이 매우 크다고 하였다. 그가 겪은 이야기는 이렇다.

그가 지옥에서 공무를 보는데, 한 번은 갑자기 하얀 수염을 기른 스님 한 분이 나타났다. 그 스님은 모습이 매우 장엄했는데, 손에는 불자(拂子)를 들고 염라대왕전으로 왔다. 그 스님을 본 염라대왕이 황급히 자리에서 일어나 공손하게 인사했다. 스님은 지옥에서 막힘없이 어디나 다니셨는데, 지옥 중생이 고통받는 모습을 보시면 수시로 염불하였다. 그런데 신기한 것은 단지 스님의 입에서 "나무아미타불" 한 구절만 나오면 지옥 중생에게 고통을 주는 형구(形具)가 모두 일시에 정지되는 것이었다.

한번은 한 무리의 험상궂은 야수가 어떤 사람을 쫓아가는 것을 보았다. 그는 평소 홍 거사가 알던 사람이었는데, 공포에

질려서 필사적으로 달아나고 있었다. 야수에게 쫓기던 그 사람이 홍 거사 쪽으로 달려왔다. 바쁘게 업무를 보고 있던 홍 거사는 자신도 모르게 "나무아미타불"이라고 염불했다. 흰 수염을 기른 스님이 하시던 염불이 기억났던 것이다. 그런데 그 염불이 효력이 있었다. 쫓아오던 야수의 무리가 즉시 뒤로 물러서는 것이었다.

이 일로 홍 거사는 염불의 수승함을 잘 알게 되었고, 후에 매우 경건한 염불 수행자가 되었다.

백성(白聖) 장로 진술

임종시
원귀를 물리치고
왕생하다

• • •
　　　　　　　　　대만 용해시(龍海市) 각미진(角美鎭)
왕강촌(王江村)에 사는 농민 곽아장(郭亞章)의 극락왕생 이야기이
다. 곽아장 거사는 금년(1995년) 음력 8월 26일에 60세의 나이로
염불을 하면서 편안하게 세상을 떠났다. 그는 어릴 때부터 농사
일에 힘쓰면서 살아왔다. 세상을 떠나기 3년 전부터는 농사를
그만두고 양어장만 경영하였다.

　　그는 위장이 나빠서 자주 고생했는데, 금년 들어 몸이 더
욱 쇠약해졌다. 병원에 가서 진찰해보니 위암 말기로 판명되었
다. 8월에는 병세가 더욱 악화되었다. 배가 산처럼 부풀어 오르
고, 통증 때문에 고통이 심해서 2시간마다 진통제를 맞았다. 병
고에 시달리다보니 성미도 호랑이같이 사납게 변했다. 그런데
그는 자꾸 바다 괴물이 보인다고 말하며 두려움에 떨었다. 그의
아내조차도 문 앞에 원귀들이 머리를 기웃기웃 들이미는 모습

을 자주 보았다.

 그러던 중 다행히 염불수행을 열심히 하는 스님을 뵙게 되었다. 스님은 고통과 두려움에 떠는 그에게 아미타불 염불을 권했다. 하늘이 준 수명이 아직 다하지 않았으면 조속히 회복할 것이고, 만약 명이 다했다면 아미타 부처님의 영접을 받으며 극락정토에 왕생할 것이라고 하였다. 이 말을 들은 곽 거사는 매우 기뻐하며, 염주를 돌리며 전심으로 아미타불 명호를 염하기 시작했다. 가족들도 모두 그를 도와서 조념염불을 했다.

 염불을 시작한 뒤 암으로 인한 통증이 많이 줄어들어서 진통제 주사도 하루에 2번으로 줄어들었다. 그리고 물고기 형상을 한 바다 괴물들의 모습이 더 이상 보이지 않게 되었고 마음도 많이 안정되었다. 닷새 정도 지나고 나서는 침대에서 가볍게 내려와 식사를 하기도 하였다.

 그의 방 한 쪽 벽에는 세 분의 불보살상을 모시고 있었는데, 극락세계를 위호(衛護)하시는 아미타불, 관세음보살, 대세지보살의 상이었다. 그런데 그 세 불보살상이 빛을 발하는 것을 보고는 자신이 인간세계를 떠날 때가 다가온 것을 알았다. 그는 침대에서 꿇어앉아 합장 자세를 취했는데, 일생 동안 한 번도 이런 자세를 한 적이 없었다. 합장한 채 염불을 하는 그의 얼굴에는 점차 편안한 미소가 번졌다. 그렇게 평안하게 극락정토에 왕생한 것이다.

숨을 거둔 지 8시간 정도 지나고 나서 몸의 온기가 식었지만 머리 위 백회에는 따뜻한 온기가 남아 있었다. 불룩하게 부풀어 올랐던 배도 쑥 들어갔다. 염을 하기 위해서 목욕시키고 옷을 갈아입힐 때 온몸의 관절이 부드럽게 움직였다. 얼굴은 마치 살아있는 듯하였다.

이런 상서를 보이는 것은 곽 거사가 극락정토에 왕생했다는 증거이다. 장례를 치르고 한 달이 지났을 무렵, 온 가족들의 꿈 속에 그가 나타났다. 평안하기 그지없는 모습으로 가족을 만나러 온 그의 뒤에는 서방 극락세계를 위호하시는 세 분 불보살님이 계셨다.

임우천(林宇川) 씀. 1995. 11. 25

숙세의
원혼(冤魂)을 제도하다

　　　　　　　　보길(普吉) 스님은 대만 출신의 비구니스님이다. 이 스님은 출가하기 전 속가에 있을 때 나쁜 말로 남 욕하기를 좋아하여 많은 사람들과 악연을 맺었다. 나중에 신죽(新竹) 청초호(青草湖)의 영은사(靈隱寺)로 출가하여 스님이 되었다.

　그런데 어느 날 갑자기 두 눈을 모두 실명하여 장님이 되었다. 70여 세가 되었을 때 다시 병이 들었는데, 온 몸이 퉁퉁 부어올랐다. 그래서 무상(無上) 선사가 폐관수행하고 있던 금강동으로 찾아가 울며 하소연하였다.

　"금방이라도 죽을 것 같습니다. 저를 고해에서 구제해주십시오. 제발 부탁드립니다."

　무상 선사가 부탁을 듣고 보길 스님의 거처에 와보니 소변을 누고 치우지도 못하여 매우 더럽고 악취가 말도 못할 정도로 심했다. 보길 스님이 울면서 말했다. 10여 명의 원귀가 밤낮으로 자기를 때리는데 너무나 고통스럽다고 했다. 심지어 그 원귀들의 이름까지 말하며 구제해주기를 간청했다. 보길 스님에게 속가 남동생의 부인이 병문안을 와있었다. 무상 선사가 그녀에게 물었다.

"당신의 시누이 되는 저 스님이 부르는 원귀들의 이름을 아십니까?"

"모두 스님이 출가 전에 해친 사람들의 이름입니다. 그 사람들이 원혼이 되어 나타나 스님을 때려서 온몸이 부어오르고 살이 터져 피가 흐르는 것도 무리가 아닙니다."

그래서 무상 선사는 보길 스님을 위해 방을 청소하고 침대 한 가운데 구멍을 내고 그 아래에 통을 놓아 대소변을 받을 수 있게 하였다. 보길 스님은 여전히 고통스럽게 울부짖으며 몸부림치다가 그 구멍 속으로 머리를 집어넣고는 했다. 이를 지켜보던 무상 스님이 간곡한 음성으로 말했다.

"스님이 직접 아미타 부처님을 염하며 서방극락정토 왕생을 구하여야 비로소 이고득락(離苦得樂) 할 수 있습니다."

"눈 앞이 캄캄해서 염불을 할 수가 없습니다."

"그러면 내가 하는 염불을 따라서 하십시오."

그렇게 염불을 시작했는데 한 시간 가량 지나자 보길 스님이 갑자기 기쁨에 찬 얼굴로 말했다.

"지금 제 앞에 밝은 광명이 보입니다. 나를 때리며 괴롭히던 그 10여 명의 원귀들이 저쪽에 서서 웃고 있습니다."

그때 그 원혼들이 보길 스님의 몸을 빌어서 말했다.

"무상 스님의 자비에 감사드립니다. 지은 죄업이 막대한 저 앞 못 보는 노인네가 뜻밖에 저희들을 고통에서 구제해주었습니다."

이 말을 듣고 무상 스님이 말했다.

"원한은 풀어야 되지 맺으면 안 됩니다. 당신들도 함께 따라서 아미타불을 염하십시오. 그러면 죄업이 있더라도 극락정토에 왕생하여 비로소 생사의 큰 고통에서 벗어날 수 있습니다."

그리고 보길 스님에게도 경건한 마음으로 따라서 함께 염불하게 하였다. 다시 한 시간 남짓 염불을 계속 하였다.

"지금 온 천지에 광명이 가득합니다. 저 구름 위에 흰 옷을 입은 성스러운 분들이 우리들을 영접해서 서방극락세계로 갑니다."

보길 스님은 이렇게 말하며 합장한 채 입가에 미소를 머금고 평안하게 왕생하였다. 부풀어 올랐던 스님의 몸이 원래대로 되돌아오고 조금도 나쁜 냄새가 나지 않는 상서가 보였다.

- 『염불감응견문기』에서 가려뽑음

죽음에 이르러 고통에 핍박받고 원혼이 나타나니
어떤 법으로 구제할 수 있는가?
오직 부처님께 의지하여 염불할 뿐이네.
부처님께서 광명을 비춰 보호하시니
몸과 마음이 안온하고 나와 남이 모두 제도되는구나.
염불을 몰랐다면 지옥에 떨어졌으리.
삼악도를 전전하며 어느 때나 구제될 수 있을 것인가?
염불공덕 불가사의하니, 모두 아미타불의 대비 원력이네.

- 『염불감응견문기』를 지은 혜정 스님의 게송

전생에 도살한
소의 혼령을 제도하다

••• 사천성(四川省) 남부에 사는 유정밀(劉淨密) 거사 집에서 가정부로 일하는 섭(聶) 씨 아주머니의 이야기이다. 섭 씨는 자신이 과거 생에 도살한 96마리 소의 귀신 때문에 자주 고통스런 발작에 시달리고 있었다.

1932년 2월 유 거사 집에서 일을 돕고 있던 중 갑자기 심한 발작이 일어났다. 섭 씨의 온몸에 붉은 부스럼이 돋아났는데 통증과 가려움이 몹시 심했다. 너무 괴로워서 죽고 싶은 마음에 집 밖으로 나가 강으로 달려갔다. 다행히 주위에 있던 사람들이 그녀를 막아서서 목숨을 구할 수 있었다. 그러나 미친 사람처럼 발작을 하고 소동을 부리면서, 자신이 전생에 소를 도살한 것에 대해 중얼거렸다. 그것을 지켜보던 유정밀 거사가 가까이 다가가서 이유를 섭 씨에게 묻자 그녀가 대답했다.

"주인님은 도량이 크고 관대하십니다. 저는 섭 씨가 아닙니다. 저는 먼 과거생에 섭 씨에게 죽임을 당한 소입니다. 그래서 지금 섭 씨에게 목숨 빚을 요구하는 것입니다."

유 거사가 그들을 타일렀다. "너희들은 참으로 어리석구나. 어째서 섭 씨 손에 죽은 것만 생각하느냐? 사실은 너희가 먼저 그녀를 죽였기 때문에, 그 과보로 소로 태어났고 또 그녀의 손에 죽임을 당한 것이다. 그렇지 않았다면 그녀가 무슨 이유로 너희 목숨을 빼앗았겠느냐? 너희가 먼저 그녀를 죽인 것은 잊고, 단지 그녀가 너희를 죽인 것만 기억하는구나. 이렇게 원수를 찾아 돌고 도는 것을 고통스런 윤회라고 한다. 영원히 서로 죽이기를 멈추지 않는다면 도대체 무슨 이익이 있겠느냐?"

"그 말씀이 옳다면, 저희들이 잘못하였습니다. 하지만 저희들의 목에는 아직도 피가 흐르고 칼에 잘린 고통이 계속되고 있습니다. 이 고통 때문에 섭 씨에게 보복하려는 마음이 일어났습니다."

"걱정마라. 내가 그 고통을 멈춰주겠다."

유 거사는 찻잔에 차를 반쯤 따라서 감로주(甘露呪)를 세 번 외운 뒤 섭 씨에게 마시라고 주었다. 그러나 섭 씨는 찻잔을 들지 못했다.

"소의 발굽이 누르고 있어 찻잔을 잡을 수 없습니다."

그래서 다른 사람이 잔을 들어서 그녀에게 먹여주었다. 섭씨는 얼른 차를 받아 마시더니 기뻐서 말했다. "정말로 신묘한 물입니다."

그녀는 목을 만지면서 말했다. "이미 다 나았습니다." 그리고 손을 만지면서 말하기를 "소 발굽도 이미 벗어버렸습니다." 다시 머리를 만지면서 "뿔도 이미 없어졌습니다."

유 거사는 이어서 윤회의 고통을 설명하고 또 극락세계의 안온한 즐거움과 영원히 생사의 고통을 면할 수 있는 것을 설명하고 나서 그들에게 물었다.

"너희들은 극락정토에 왕생하기를 원하느냐?"

"거사의 말씀이 사실이라면 어찌 원하지 않겠습니까? 하지만 저희들의 죄업이 깊고 무거운데 극락정토에 왕생할 수 있겠습니까?"

"너희들은 발원하여 일심으로 염불하며 저 극락세계를 흠모하여라. 그러면 내가 너희들을 위하여 아미타 부처님을 청하여 너희들을 영접하게 하겠다. 그렇게 하겠느냐?"

"좋습니다. 그렇게 하겠습니다. 하지만 저희들은 오랜 동안 먹이를 먹지 못하여 배가 고프니 먼저 먹을 것을 주세요."

유 거사는 그렇게 하기를 허락하였다. 깨끗한 그릇에 맑은 물과 밥을 담아 변식진언(變食眞言)을 일곱 번 염하고 나서 대나무 밭에 뿌렸다. 얼마 지나지 않아서 소의 혼령들이 말했다.

"이제 많이 먹어서 배가 부릅니다. 정말 고맙습니다."

유 거사는 곧 빈 공터에서 향과 초를 사르며 아미타 부처님을 공손히 청했다. 그리고 왕생주(往生呪), 반야심경(般若心經), 대비주(大悲呪)와 여러 불보살의 명호를 염송하였다.

함께 지켜보던 유거사의 처가 말하였다.

"너희들은 빨리 보아라. 아미타 부처님께서 장육금신(丈六金身)으로 오셔서 높이 서 계신다. 모두 빨리 부처님을 따라가거라!"

"너희들은 극락정토가 보이느냐?"

"보입니다."

"그 모습이 어떠하냐?"

96마리 소의 혼령들이 극락정토의 모습을 자세하게 설명하는데 그 내용이 정토경전과 하나도 다름이 없었다. 그들은 떠나기 전에 진심으로 감사하며 말했다.

"저희들은 여러 해 동안 섭 씨를 괴롭혀서 고통스럽게 했습니다. 그러나 거사님의 가르침과 인도로 저희들이 오랜 세월 쌓아온 원한이 하루아침에 녹았습니다. 저희들은 지금 아미타 부처님의 영접을 받아서 서방극락정토에 왕생하게 되었습니다. 섭 씨도 아미타불 염불을 일심으로 하여서 서방정토에 왕생하기를 바랍니다. 거사님과 거사님의 가족들이 서방정토에 왕생할 때 저희들도 반드시 부처님을 따라서 맞이하겠습니다. 오늘 저희를 위해 염불해주신 것은 큰 공덕이 될 것입니다."

말을 마친 후 조용해졌다. 얼마 후 섭 씨 아주머니가 정신을 차리고 깨어나서 말하였다.

"내가 마치 꿈속에서 성에 갔다가 서쪽 거리로 가는데 한 무리의 흉포한 소떼를 만났습니다. 목에서 피가 뚝뚝 떨어지는 모습이 너무나 무서웠습니다. 두려워 어쩔 줄 몰라 하는데 갑자기 거사님의 목소리가 들렸습니다. 그러자 갑자기 주변 경치가 변했는데, 아름다운 숲 가운데 평평한 풀밭이 있어 상쾌하고 기분이 좋았습니다. 갑자기 밥 냄새가 강하게 나더니, 소떼가 숲에서 밥을 먹으며 기뻐서 춤을 추는 것을 보았습니다. 그 외에는 분명하게 기억나는 것이 없습니다."

그 후 다시는 소의 혼령이 섭씨를 괴롭히지 않았다. 그리고 섭 씨도 채식하면서 열심히 염불수행을 하였다. 유정밀 거사는 1934년 봄 서강(西康)에서 출가하였다. 법명이 혜정(慧定)이다. 위의 이야기는 출가하기 전에 겪은 일을 기록한 것이다.

어떤 비구스님의
전생 기억

··· 　　　여러 수행자들이여, 이 글은 내가 석가모니 부처님께 예배드리며 가르침을 청하여 시방삼세의 모든 부처님과 본존이신 관세음보살의 가피로 한 글자 한 글자 적어내려간 것으로 진실하여 하나의 거짓도 없음을 밝혀둔다. 이 글을 쓴 목적은 여러분이 나의 일을 거울 삼아 교훈을 얻어서 스스로 잘못을 고치고 열심히 수행하는 것을 돕기 위해서이다.

　여러분이 하루라도 빨리 불도(佛道)를 수행하려는 바른 마음을 일으키고, 큰 보리심을 발해서 용맹정진하고, 계를 지키며 일념으로 염불하며 정토왕생을 구하여 영원히 물러나지 않고, 육도윤회의 고통에서 완전히 벗어나기를 바란다. 또한 서방극락세계에 왕생하여 곧바로 보리를 증득하고 무상정등정각을 이룬 뒤 각자의 원(願)에 따라 다시 돌아와 여섯 가지 윤회의 세계에 몸을 나투어 널리 중생을 제도하기를 바란다.

나의 속가 성은 이(李) 씨이다. 1989년 3월에 해공(海空) 법사를 은사로 불문(佛門)에 귀의하였고, 적공(寂空)이라는 법명을 받았다. 불가에 입문한 뒤, 하루하루 예불과 좌선을 열심히 하였다. 비록 부처님의 가르침을 다 이해하지는 못했지만, 늘 경전을 가까이하면서 불법(佛法)에 조금도 의심을 품지 않았다. 1992년 8월 25일 저녁 예불을 마치고 법당에 정좌하고 있었다. 저녁 10시 경 갑자기 시방삼세의 모든 부처님의 가피를 얻어서 나 자신의 과거 생의 모습을 훤히 알게 되었다. 그 당시 너무나 슬퍼서 크게 울음을 터트렸고, 열심히 불법을 공부할 것을 결심하게 되었다.

1994년 8월 23일 저녁 법당에서 염불을 할 때는 더 나아가 속가에 두고 온 아내와 아들의 과거 생의 모습까지 훤히 알게 되었다. 그후 숙명(宿命) 즉, 과거 생의 모습과 윤회에 대에 여러 차례 불보살의 증명을 얻게 되었다. 지금부터 말하려는 과거 생의 기억은 여러 차례 증명을 통해서 입증된 것을 비로소 감히 밝히는 것이다.

600년 전 나는 출가한 비구였다. 나는 20세에 출가하여 삼당대계(三堂大戒)를 받고 50여 년을 수행하였다. 선한 업도 많이 지었지만, 속세의 일에 탐욕을 일으키고 연연하여 인간계와 천상계의 복된 과보를 바라고, 정토왕생은 구하지 않았다. 그리하여 결국 육도윤회에서 벗어나지 못하고 오히려 삼악도(三惡道)에 떨어져서 고통을 받으며 빚을 갚아야 했다.

스님으로서의 삶을 마친 뒤, 부유한 가정의 아들로 태어났다. 성장하면서 향락을 탐하게 되었는데, 온 종일 술과 여자를 탐하며 지내는 생활을 하였다. 내 주변에는 여덟 명의 시녀가 있었는데, 비록 여색을 탐하지는 않았지만 명예를 좇고 재물에 욕심내고 이익을 탐한 과보가 커서 악업을 지었다.

하지만 전생에 출가수행한 공덕이 크기 때문인지, 목숨을 마친 뒤에 벼슬아치의 아들로 태어났다. 장성한 뒤 많은 병사를 거느리는 장군이 되었는데, 그 풍모가 당당하고 늠름하였으며 원하는 것은 무엇이든 얻었다. 부귀영화가 넘쳐서 다 누리지 못했고, 산해진미도 또한 넘쳐서 다 먹지 못했다. 온 종일 주지육림 속에서 보내곤 했는데, 당시 24명의 시녀를 옆에 두었다. 먹고 마시고 놀고 즐기면서 다시금 온갖 나쁜 업을 짓게 되었다. 특히 병사들에게 명령을 내려서 많은 사람을 죽였다. 사람의 머리를 벤 뒤 그 시체를 강이나 개천에 버렸고, 수풀에 숨은 적군도 모두 찾아내어 죽이는 등 많은 죄업을 지었다.

그리하여, 그 몸을 벗은 뒤에는 삼악도(三惡道)에 떨어져 열 번을 윤회전생하면서 악업의 과보를 갚아야 했다. 먼저 세 번은 두꺼비의 몸을 받았다. 왜냐하면 장군으로 살 때 많은 사람의 머리를 베어죽이고 그 시체를 개천에 버렸기 때문이다. 그 과보로 머리 없는 두꺼비로 태어나 수시로 막대기에 맞고 낚시에 걸리고 복부가 뒤집혀져 물에서 죽어서 그 시체가 썩어 문드러져 악취가 났다. 심지어 근육이 뽑히고 살갗이 벗겨지는 고통을 당하면서 전생에 지은 악업의 과보를 갚았다.

이렇게 세 번 두꺼비의 몸을 받은 뒤, 다시 꿩의 몸을 네 번 받았다. 그 이유는 내가 장군으로 살 때, 병사들에게 명령하여 두려움에 떨면서 수풀에 숨어있는 적군을 찾아내서 죽였기 때문이다. 그리고 내가 부자와 장군으로 살 때, 입의 쾌락을 탐하여 온 종일 맛있는 것을 먹고 마시며 살았다. 그 과보로 꿩의 몸을 받아서 창에 찔리고 칼에 베여서, 지지고 삶기고 볶이는 고통을 당하면서 빚을 갚아야 했다.

네 번이나 꿩의 몸을 받고도 악업을 다 갚지 못하여, 다시 돼지 몸을 세 번 더 받게 되었다. 이것은 내가 부자와 장군으로 살 때, 먹기만 좋아하고 일하기는 싫어했기 때문이다. 시녀들이 밥을 가져오면 입을 벌려 먹고, 옷을 가져오면 손을 벌려 입히게 하고, 늘 고기 먹을 생각만 하면서 나쁜 업을 지었다. 그 때문에 돼지의 몸을 받아서 먹다 남아 버리는 음식과 상한 음식을 먹게 되었고, 채찍이나 몽둥이로 두들겨 맞았다. 이것은 그래도 나은 것이었다. 천 번 만 번 칼에 잘리고 뜨거운 솥에 들어가서 갖가지 고통을 당하였다. 두 번 사람 몸을 받아서 입의 쾌락을 탐한 악업의 과보를 이렇게 갚게 되었다.

일체의 고통과 모든 즐거움은 모두 나 스스로 지어서 직접 받는 것(自作自受)이며, 인과응보(因果應報)는 참으로 조금도 틀리지 않은 것이다.

여러 수행자들이여, 내가 삼악도를 윤회전생하면서 받은 갖가지 고통에 대해 알았을 때 너무도 상심하여 눈물을 멈출 수 없었다. 나는 지극히 눈물을 보이지 않는 사람이었지만, 울지 않을 수 없었다.

600년 전 수행으로 높은 경지에까지 도달했으면서도 인간과 하늘의 복을 탐하고 왜 정토왕생을 구하지 않았는가? 이 헛된 탐욕(貪慾) 때문에, 임종의 자리에서 한 생각 잘못하여 열 번이나 삼악도에 떨어졌구나. 붉은 흙먼지 가득한 세상에 대한 욕심으로 600년을 헛되이 윤회하였구나. 어찌 가슴을 치며 통곡할 일이 아니겠는가. 600년! 이토록 긴 세월을 그리 비천하게 보내

다니 또 어찌 부끄러워 눈물 흘리지 않을 수 있겠는가?

　　나는 어떤 귀신도 믿지 않는 사람에게서 불법(佛法)을 배운 후 인과(因果)의 가르침을 믿고 생명을 경외(敬畏)하는 사람이 되었다. 그리고 진실로 자기 자신이 윤회해온 과정을 알고 나서 어찌 본사 석가모니불, 본존 관세음보살과 시방삼세 일체제불, 모든 대보살의 자비로운 가피에 감격하지 않을 수 있겠는가? 불제자가 자기의 본사, 본존의 면전에 꿇어앉아 자기의 숙명을 이해하고 불법을 배우면서 또 한 단계 진일보하였을 때, 또 어찌 감격하지 않을 수 있겠는가?

　　그 당시에, 나는 어떻게 해야 불보살님들의 크나큰 은덕에 보답할 수 있는지 곰곰이 생각해보았다. 그 결과 열심히 불법(佛法)을 배우고 일념으로 염불하면서 정토왕생을 구하는 것이라고 생각하였다. 사람의 몸 받기 어렵고, 부처님 가르침 배우기 어려움을 생각하자, 현생에 어렵게 얻은 사람의 몸으로 열심히 수행하지 않는다면 불보살님께 죄송하고 부모님께 죄송한 일이다. 옛 성현께서 말씀하지 않았는가. "사람 몸 얻기 어렵지만 금생에 이미 얻었고, 불법 듣기 어렵지만 금생에 이미 들었네. 이번 생에 불국정토에 가지 않으면 다시 어느 때에 갈 수 있으리오?"

　　사람 몸을 받고 태어났으니, 이번 생에 반드시 시간을 다투어 열심히 수행하라. 그렇지 않으면 죽음의 귀신이 왔을 때 뒷일을 기약할 수 없다. 사람이 임종에 이르렀을 때 마음 속에 한 가지 생각 즉, 서방극락정토에 왕생하여 연꽃 가운데 화생(化生)하여 부처님을 뵙고 열심히 수행하여 성불(成佛)할 것을 생각하는 것이다. 나는 해냈는가? 아니다. 나는 잠잘 때 꿈에 빠지며 또한 망념도 많다. 만약 꿈을 꿀 때조차 정념(正念)을 유지할 수 있으면 임종의 자리에서 반드시 서방극락정토에 도달할 수 있을 것이다.

나는 이렇게 서원하였다.

오늘 이후로 수시로 계(戒)의 조문을 굳게 기억하여, 지계(持戒)의 금강 같은 날카로운 검으로 오욕육진(五欲六塵)을 베고 삼독(三毒)을 소멸하겠다. 자주자주 무상(無常)을 생각하고 항상 사성제를 사유하며 자비심을 닦아 일체 중생을 숙세의 부모로 여기고, 늘 삼보(三寶)와 스승의 은덕을 기억하겠다. 생각생각마다 무상보리를 잊지 않고 용맹정진하겠다. 계를 지키며 염불하여 성불할 때까지 영원히 물러나지 않겠다. 성불하여 육도중생을 구하며, 나를 제도하고 남도 제도하여, 모든 중생을 다 제도하지 않으면 성불하지 않을 것을 서원한다.

나는 비구로 살면서 열심히 수행하였으나 정토왕생을 구

●

하지 않았다. 그 때문에 두 생에 걸쳐 인간의 복보(福報)를 얻었다. 그러나, 선을 쌓고 덕을 짓는 것을 알지 못하고 도리어 갖가지 악을 지어 삼악도에 열 번이나 떨어졌다. 말로 다 할 수 없는 고통으로 그 과보를 갚고 나서 다시 인간의 몸을 받아, 600년 세월을 헛되이 보내며 인과응보를 절감하였다.

아마도 어떤 사람들은 물을 것이다. 어찌하여 아귀도와 지옥도에는 떨어지지 않았는가?

그것은 내가 출가하여 불법(佛法)을 배운 공덕이 컸기 때문이다. 그렇기 때문에 비록 부유한 집에 태어나 갖가지 악업을 지었지만 단지 축생도에만 떨어져 윤회하며 과보를 갚은 것이다. 악업의 인연이 다하고 나서, 불법(佛法)에 대한 종자(種子)가 다시 한번 좋은 인연을 만나서 싹을 틔웠고 그리하여 현생에 다시 출가하여 불법을 배우게 된 것이다. 어떤 사람이 불법의 종자를 심은 다음에 이 종자가 썩지 않는다면 적당한 토양과 온도를 만났을 때 곧 싹을 틔우고 꽃을 피워 열매를 맺게 될 것이다. 한 구절의 부처님 명호는 바로 대광명장(大光明藏)이며, 한번 이근(耳根)을 스치면 영원히 도(道)의 종자가 된다. 이것은 나의 말이 아니고, 쫑카파 대사가 『보리도차제약론(菩提道次第略論)』의 여러 곳에서 말씀하신 것이다.

◉

출가 수행 오십 년에

생사해탈을 구하지 않고 스스로 얽어매어

단지 다음 생의 복된 과보를 위하여 닦았으니

육백년을 헛되이 윤회하였네.

부귀는 마치 칼끝에 묻은 꿀과 같아서

삼악도 가운데서 빚을 갚아야 하며

고기 반 근에 여덟 량을 갚아야 하며

금수 축생으로 떨어져 여러 번 윤회해야 하네.

참선하여 숙세의 일을 명백하게 알고 보니

스승은 성인이요, 나는 범부네.

금생은 확실하게 전생의 연 때문이며

스승에게 절하며 다시 금강선(金剛禪)을 닦네.

열심히 정진하여 영원히 물러나지 않고

곧바로 보리(菩提)의 구품연대에 오르리.

삼보제자 적공(寂空)

사천성 중강(中江)에서 1995년 10월 17일

【 원영(圓瑛) 대사에 대하여 】

원영(圓瑛) 굉오(宏悟) 대사는 1878년 중국 복건성(福建省) 고전현(古田縣)에서 태어났다. 속성은 오(吳)씨이고 이름은 형춘(亨春)이다. 18세에 큰 병을 앓은 후 출가를 결심하고 19세에 고산(鼓山) 용천사(涌泉寺)에서 증서(增西) 스님을 스승으로 모시고 출가하였다.

21세에 복주(福州)에서 강소성 상주(常州) 천녕사(天寧寺)로 와서 야개(冶開) 선사를 모시고 6년간 선(禪) 수행을 했다. 선정에 들었을 때 여러 가지 선의 경지가 자주 나타나 보였고, 몸과 마음이 넓게 텅 비어있음을 보고 게송을 남겼다.

날뛰는 마음 쉬는 곳에서 허망한 몸 원융해지고
안과 밖의 근과 진, 색이 즉 공이네.
내외가 통철하고 신령하며 밝아 장애가 없으니
삼라만상의 천차만별한 모습이 일시에 통하네.
狂心歇處幻身融 內外根塵色卽空
洞澈靈明無掛碍 千差萬別一時通

26세에 영파(寧波) 천동사(天童寺)의 기선(寄禪) 스님께 의지하여 일심으로 참구하였다. 28세 겨울 수행하던 중 선정에 들어 공(空)을 체득하고 다시 게송을 읊었다.

막다른 골목에 다달아 몸을 돌리니
갑자기 금강의 바른 눈이 열리네.
집에 다다르니 하나의 일도 없으며
생사와 열반조차도 없음을 비로소 알겠네.
山窮水盡轉身來 迫得金剛正眼開
始悉到家無一事 涅槃生死絶安排

1906년 29세에 대사는 영파 칠탑보은사(七塔報恩寺)에 주석하고 계시던 자운(慈運) 스님을 참배하고 직접 법인(法印)을 받아 임제종(臨濟宗)의 제40대 조사(祖師)의 법맥을 이어받게 되었다. 법명은 굉오(宏悟), 자는 원영(圓瑛)이며, 호는 도광(韜光)이다.

36세부터 정토의 기연이 성숙하여 영명(永明) 연수(延壽) 대사와 운서(雲棲) 연지(蓮池) 대사 등 많은 정토법문과 경전을 열람하면서 정토염불법문을 깊이 믿게 되었다. 그 이후로 40여 년 동안 선과 정토를 함께 닦았으며, 사염불(事念佛) 수행에서 이염불

(理念佛) 수행의 경지로 들어갔다. 이것은 바로 연수 대사께서 『사료간(四料簡)』에서 다음과 같이 말씀하신 것과 같다.

"선(禪)이 있고 정토(淨土)가 있으면, 마치 뿔을 가진 호랑이와 같이 현세에서 사람의 스승이 되고, 내세에는 부처님과 조사가 될 것이다(有禪有淨土 猶如帶角虎 現世爲人師 內生作佛祖)."

원영 대사는 1935년 가을 상해에 원명강당(圓明講堂)을 창설하여 경을 강의하고 가르침을 설하면서 사람들에게 염불을 권하였다. 일찍이 『아미타경요해』, 『아미타경』, 『무량수경』, 『관무량수경』, 『대승기신론』, 『대세지보살염불원통장』, 『성암대사권발보리심문』 등 많은 정토법문의 경론을 강의하였다. 아울러 위의 경론들을 세상에 유통시키면서 중생들을 유익하게 하였다. 이 『권수염불법문』은 대사가 62세 때 원명강당에서 강의하신 것을 정리한 것이다.

대사는 중국 현대불교계의 걸출한 고승이며, 신중국 불교계의 유명한 영도자였다. 대사가 불교계를 단결하여 삼보 사업에 헌신한 공헌은 국내외의 신자들이 다 같이 공인하고 있다.

1928년 처음으로 전국불교대표대회가 상해에서 열렸고 여기에서 '중국불교회'가 창립되어 비로소 전국 불교도의 통일조직이 성립되었다. 대사는 일찍이 일곱 번이나 중국불교회의 주석과 이사장을 역임하였다.

1949년 공산당이 집권한 후 대사는 조복초(趙樸初), 허운(虛雲), 거찬(巨贊), 진명추(陳銘樞) 등과 공동으로 발기하여 중국불교협회를 조직하였으며, 아울러 제1대 회장(주석)으로 선출되었다. 그 후 대사는 국가가 혼란한 가운데서 중국 불교계의 단결과 불교를 보호하는 데 노력하였으며, 전국 불교도의 존경과 추대를 받게 되었다.

그리고 대사는 50여 년 동안 시종일관 승가는 불교를 진흥시키고 중생을 교화하는 데 앞장서야 한다고 주창하면서 승려교육에 평생을 바쳐서 많은 인재를 양성하였다.

대사는 선종의 종지뿐만 아니라 경전에도 통달하였고, 해(解)와 행(行)이 상응하였으며, 변재에 걸림이 없었다. 부처님의 가르침을 널리 알리는 데 힘써서 국내외로 두루 다니시면서 경을 강의하였다. 1952년 세계불교협회 회의가 부산에서 열렸을 때 한국을 방문한 적도 있다. 주로 『능엄경』, 『법화경』, 『반야심경』, 『금강경』, 『아미타경』, 『아미타경요해』, 『대승기신론』 등의 경전을 강의했는데, 늘 법석이 가득 차고 듣는 사람마다 법열을 느끼고 찬탄하였다.

　　또한 대사는 오래되고 유명한 여러 사찰에 머물면서 사찰의 면모를 새롭게 다듬었다. 청규(淸規)를 엄격하게 다시 세우고, 신도들이 서로 화합하게 하였다. 또한 고아원을 세우고, 주변 지역의 어려운 이웃을 돕고 형편이 어려운 학생들을 교육하는 등 자선 사업에도 적극적으로 힘을 쏟았다.

　　일본군이 중국을 침략했을 때에는 항일구국운동에 참가하여 한때 옥고를 치르기도 하였다. 그때 옥중에서 너무도 의연하게 대처하여 오히려 일본 헌병대장의 존경과 찬사를 받기도 하였다. 대사의 업적은 너무 많아 일일이 다 열거할 수 없을 정도이다. 대사는 1953년 음력 8월 12일에 세수 76세로 원적하였다. 그는 병이 깊어졌을 때에도 염불을 놓지 않았다. 그때 주변에서 간호하던 여러 제자들에게 이런 말씀을 남겼다.

　　"지금 나의 몸과 마음은 늘 안락하고 걸림이 없고 장애가 없다. 출가수행자는 생사에 마음을 두지 않고 병으로 수행을 도와야 한다. 나는 늘 나 자신을 '삼구당(三求堂)' 주인이라고 불렀다. 그것은 내가 평생토록 복을 구하고(求福) 지혜를 구하고(求慧) 정토왕생을 구하는 것을(求生淨土) 종지로 삼았기 때문이다. 나는 지금 복과 지혜는 이미 얻었고, 마지막으로 단지 정토왕생만이 남았다. 너희들도 이 세 가지를 구하는 것으로 수행의 지침을 삼도록 하여라. 뿐만 아니라 더 많은 출가수행자와 재가수행자들도 이 세 가지를 구하는 것으로 불법의 진정한 종지로 삼기를 바란다."

대사는 말을 마친 후 게송을 읊었다.

오직 중요한 일이 하나 있으니,
오로지 아미타불 염불하여
극락정토를 구하여
상품의 자금대에 왕생하는 일이네.
唯有一宗事 但念阿彌陀 求生于淨土 上品紫金台

어느 날 저녁 제자들이 대사를 위하여 조념염불하고 회향을 하고 난 뒤였다. 대사는 그들을 침상 가까이 오라고 부르더니 이런 부촉을 남겼다.

"너희들이 염불할 때 늘 마음을 안으로 거두고 생각을 깨끗이 하여(攝心淨念) 자성(自性)을 알아야 한다. 지금 내가 너희들에게 물어보겠다. 방금 너희들이 염불할 때 염불하는 한 구절의 소리가 어느 곳으로 떨어졌는지 아느냐? 빨리 답해라! 빨리 답해라!"

　원영 대사가 병석에서 마지막으로 남긴 이 법문을 거듭 읽고 그 뜻을 마음에 새겨야 할 것이다. 또한 정토염불법문을 더욱 깊이 믿고 간절히 발원하며 진실하게 수행하려는 뜻을 더 굳건히 해야 할 것이다.

【 편역자의 말 】

평소 염불수행을 하기에 옛 선지식들의 염불수행 법문에 관심이 많았다. 일하는 틈틈이 자료수집을 하고, 번역이 안 된 자료는 우리말로 옮기기도 했다. 7년 전 중국 근세의 큰스님인 원영(圓瑛) 법사의 『염불을 권하는 법문(勸修念佛法門)』을 중국의 인터넷 불교 사이트에서 접하고 읽어 보았다. 이 책은 원영 법사께서 염불에 관해 법문한 것을 제자들이 책으로 묶어 유통하였는데, 염불수행을 전혀 모르는 사람도 찬찬히 읽다보면 누구나 이해할 수 있는 안내서이다. 스님의 법문은 염불수행을 간결하면서도 알기 쉽게 설명하고 있어서, 염불수행을 잘 모르는 사람들에게 크게 도움이 될 것 같아서 우리말로 옮긴 적이 있었다.

중국에 와서 생활하는 동안 소책자로 된 『권수염불법문』을 입수하게 되었다. 이전에 번역한 것과 원문을 대조하여 잘못된 부분이 없는지 살피면서 다시금 우리말로 옮겼다. 그리고 책의 뒤편에는 염불수행으로 감응을 받은 사례 몇 가지를 함께 엮었다. 모름지기 어떤 수행이든 신실한 믿음에서부터 시작하는 것이라 발심수행을 돕기 위해 함께 묶었다.

　　염불수행도 결국은 성불을 위한 하나의 방편으로 석가세존께서 여러 경전에서 말씀하셨으며, 용수 보살을 비롯한 인도와 중국의 뛰어난 선지식들께서 간곡히 권하신 수행법이다. 여기서 염불수행은 주로 아미타 부처님의 명호를 염하는 칭명염불을 말한다. 칭명염불은 남녀노소 누구나 하기 쉬우며, 근기의 높고 낮음에 관계없이 누구나 할 수 있는 수행법으로서, 믿음을 일으켜 간절한 마음으로 염불하여 일심불란(一心不亂)을 얻으면 정토에 왕생하는 것은 의심의 여지가 없다.

　　수행은 자기의 근기에 맞아야 진전이 빠르며, 어떤 수행을 하느냐는 전적으로 각자의 습성과 인연에 달려있다고 할 것이다. 요즈음처럼 어지럽고 죄업이 무거운 말세 중생들은 근기가 열악하여 욕망에 물들기 쉽고 악에 빠지기 쉬워 돈오(頓悟)하기는 매우 어려운 실정이다. 부처님께서는 이것을 아시고 제자들이 묻지 않았는데도 말법시대의 중생을 위하여 스스로 염불법문을 가르치신 것이다. 영명(永明) 연수(延壽) 대사는 '참선만 하고 정토수행이 없으면 열에 아홉은 길을 잘못 든다. 그러나 정토수행을 하면 만 사람이 하여도 모두 다 극락정토에 갈 수 있다.'고 하였다. 생사의 윤회에서 벗어나기는 어려우나 이 염불법문을 의지하면 매우 쉽다는 것이다.

　아미타불(阿彌陀佛)의 명호에는 모든 덕과 큰 서원이 깃들어 있음을 믿고 염불하면, 이 책에서 소개한 염불감응사례에서 보는 바와 같이 숙세의 업장을 없애고 부처님의 영접을 받으며 결코 악도에 떨어지지 않고, 모두 극락세계로 나아갈 것이다. 그리고 열심히 정진하면 이생에서 자성미타(自性彌陀)를 친견하고 부처님의 지견(佛知見)을 열어 바로 불지(佛地)에 뛰어오를 수 있을 것이다. 삼계의 고통을 벗어나는 길은 바로 지금 의혹심을 내지 말고 믿음을 일으켜 염불하여 아미타불의 법성선(法性船)에 타는 것이다.

　『불설아미타경』에서 부처님께서는 염불수행법을 믿기 어려운 법이라 하셨다. 우리는 불법수행은 반드시 현묘하고 어려워야 한다고 생각하는 경우가 많다. 그러나 염불수행법은 간단하고 쉬워 보이기 때문에 믿음을 내지 못하는 경우가 많다. 수행방법이 쉽다고 하여 이 법문을 경시하던 사람이라도 자신이 직접 수행을 하면서 여러 가지 영험을 경험하는 예가 주변에 많다. 원영 법사의 진실한 법문과 염불수행으로 감응을 받은 사례를 읽고 이처럼 믿기 어려운 염불법문에 모든 사람들이 믿음을 일으켜 발심수행하기를 염원한다. 이 책이 세상에 나와 부처님의 광명이 온누리에 널리 비칠 수 있도록 도와준 불광출판사에 감사드린다.

우리 모두 다함께 극락세계에 왕생하여 생사의 고해에서 벗어나 성불하기를 발원합니다.

나무아미타불.

무자(戊子)년 7월

각산(覺山) 정원규 삼가 씀

주석

1・ _ 운서(雲棲) 주굉(袾宏) 연지(蓮池) 대사(1535~1615)

중국 명나라 시대의 스님이다. 이름은 주굉(袾宏), 연지(蓮池)는 별호이며, 속성은 심(沈)씨이고, 항주의 인화 출신이다. 32세 때 출가하여 구족계를 받은 뒤 홀로 유람하며 선지식을 참방하다가, 1571년 항주의 오운산에 암자를 짓고 운서(雲棲)라고 이름 붙였다. 점차 규모가 커져서 도량을 이루고 마침내 명찰이 되었다. 이곳에서 정토 염불을 주로 수행하면서, 겨울에는 좌선에 전념하고 경론을 강하였다. 평생 소박과 진실을 숭상하며 검약하게 생활하며 명리를 부끄럽게 여겼다. 『선관책진(禪關策進)』, 『왕생집(往生集)』, 『죽창수필(竹窓隨筆)』 등의 저술이 널리 알려져 있다. 또한 정토염불 수행을 선양한 법문으로는 『답정토사십팔문(答淨土四十八問)』과 『정토의변(淨土疑辯)』이 유명하다. 후인들이 연종(蓮宗)의 제8대 조사로 추앙하였다.

2・ _ 지명염불(持名念佛)

소리를 내서 염불하는 칭명염불(稱名念佛)은 물론이고 소리 내지 않고 마음 속으로 묵념으로 염불하는 것까지 포함한 염불 방법이다. 『불설아미타경(佛說阿彌陀經)』의 '집지명호(執持名號) 일심불란(一心不亂)'의 '지명(持名)'에서 나온 말이다.

3 • _ 불지견(佛知見)

제법실상(諸法實相)의 이치를 깨닫고 비춰보는 부처님의 지혜를 말한다. 『법화경(法華經)』 제2 「방편품(方便品)」에 따르면, 모든 부처님이 세간에 출현하는 까닭은 중생으로 하여금 이 불지견(佛知見)을 얻게 하기 위한 것이다.

4 • _ 일대사인연(一大事 因緣)

매우 중요한 인연이라는 뜻이다. 부처님이 이 세상에 출현한 까닭은 대승, 소승, 권교, 실교와 여러 다양한 기류(機類)를 인도하여 『법화경』에서 말하는 일불승(一佛乘)의 가르침을 알게 하기 위함이며 이것을 일대사 인연이라고 한다.

5 • _ 사지(四智)

부처님의 지혜로, 대원경지(大圓鏡智), 평등성지(平等性智), 묘관찰지(妙觀察智), 성소작지(成所作智)를 말한다.

6 • _ 삼덕(三德)

법신덕(法身德), 반야덕(般若德), 해탈덕(解脫德)의 세 가지 덕을 말한다. 열반을 얻은 이가 갖춘 덕을 자세히 나눈 것이다. ① 법신덕은 부처님의 본체이니, 미혹한 세계(迷界)의 고과(苦果)를 벗어나서 얻은 상주 불멸하는 과체(果體)이다. ② 반야덕은 지혜(智慧)라고 옮기는데, 만유(萬有)의 실상(實相)을 아는 진실한 지혜를 말한다. ③ 해탈덕은 지혜에 의하여 참다운 자유를 얻은 것이다. 『열반경』에서 말하는 '삼덕비장(三德秘藏)'은 바로 이것을 가리킨다.

7・_ 법문(法門)

법(法)은 교법(敎法), 문(門)은 드나든다는 뜻이다. 부처님의 교법은 중생으로 하여금 나고 죽는 고통 세계를 벗어나, 이상경(理想境)인 열반에 들게 하는 문(門)이므로 이렇게 부른다.

8・_ 칭념(稱念)

입으로 "나무아미타불"을 부르며 마음으로 아미타불을 생각하는 염불수행법이다.

9・_ 자성미타(自性彌陀) 유심정토(唯心淨土)

기심미타(己心彌陀) 유심정토(唯心淨土) 또는 기심정토(己心淨土) 유심미타(唯心淨土)라고도 한다. 자기 마음에 본래 갖추어 있는 성품이 부처와 다르지 않아서, 어리석으면 범부가 되고 깨달으면 부처가 되는데 아미타불이나 극락정토도 다른 먼 곳에 있는 것이 아니라 오직 자기 마음속에 자리잡고 있다는 의미이다. 흔히 선종・화엄종・천태종 등에서 하는 말이다. 만법유심(萬法唯心)의 이치에 의하여 자기 마음을 닦아 불성을 깨달으려 하는 것이다.

10・_ 의보(依報)

중생의 몸과 마음이 의지할 국토, 집, 의복, 식물 등을 이르는 말이다.

11・_ 정보(正報)

과거에 지은 업인(業因)에 의해서 받게 되는 몸을 말한다. 부처님이나 중생의 몸이 여기에 포함된다.

12 • _ 육도(六道)

중생이 업에 의해 생사를 반복하는 여섯 가지 세계를 말한다. 미혹의 세계이며, 육취(六趣)와 동일한 뜻이다. 지옥도(地獄道), 아귀도(餓鬼道), 축생도(畜生道), 수라도(修羅道), 인간도(人間道), 천도(天道)의 여섯 가지를 말한다.

13 • _ 삼각(三覺)

시각(始覺), 본각(本覺), 구경각(究竟覺)을 말한다.

14 • _ 인행(因行)

부처가 되기 위한 인(因)이 되는 행 또는 수행을 말한다. 깨달음을 여는 근본이 된다. 아미타 부처님의 서원과 인행이 『불설무량수경』에 잘 나타나 있다.

15 • _ 광장설상(廣長舌相)

부처님 32상의 하나로, 대설상(大舌相)이라고도 한다. 부처님의 혀가 길어서, 늘리면 머리끝까지, 또는 귀에 닿는다고 믿었던 모습이다. 이것은 허망하지 않음을 나타내는 상이다.

16 • _ 십신위(十信位)

보살이 수행하는 52계위 가운데 처음의 10위(位)를 말한다. 부처님의 교법을 믿어서 의심이 없는 지위이다. 신심(信心), 염심(念心), 정진심(精進心), 혜심(慧心), 정심(定心), 불퇴심(不退心), 호법심(護法心), 회향심(廻向心), 계심(戒心), 원심(願心)의 10가지 종류의 믿음을 말한다.

17 • _ 불퇴(不退)

산스크리트어로 avinivartanīya이다. 아비발치(阿鞞跋致) 또는 아유월치(阿惟越致)라고 음역하고 불퇴전(不退轉)이라고 의역한다. 불도 수행의 과정에 있어서 한번 도달한 깨달음이나 공덕, 그 지위를 잃지 않는 것을 말한다. 불퇴의 지위를 불퇴위(不退位)라 한다. 불퇴에는 지위(地位)의 불퇴, 수행(修行)의 불퇴, 향상심(向上心)의 불퇴, 주처(住處)의 불퇴 등이 있다.

18 • _ 무생법인(無生法忍)

희인(喜忍), 오인(悟忍) 또는 신인(信認)이라고 이름하는 위(位)이다. 극락세계에 왕생하기로 결정된 것을 의심하지 않는 것이다. 이것은 생즉무생(生卽無生)의 왕생을 인득(忍得)한 것이므로 이렇게 이름한다. 이 자리는 10신위(信位) 가운데에 있다.

19 • _ 보현십원(普賢十願)

보현보살이 세운 열 가지 큰 서원. 예경제불(禮敬諸佛, 모든 부처님을 예경함), 칭찬여래(稱讚如來, 모든 부처님을 찬탄함), 광수공양(廣修供養, 널리 공양을 올림), 참회업장(懺悔業障, 항상 업장을 참회함), 수희공덕(隨喜功德, 다른 사람이 짓는 공덕을 따라 기뻐함), 청전법륜(請轉法輪, 불보살님께서 설법해주기를 청함), 청불주세(請佛住世, 부처님께서 항상 세상에 머물기를 청함), 상수불학(常隨佛學, 항상 부처님을 따라 배우고자 함), 항순중생(恒順衆生, 항상 중생을 따르고자 함), 보개회향(普皆廻向, 앞의 원행을 닦아 이룬 공덕을 모두 다 회향함)을 이른다.

20 • _ 사행(事行)과 이행(理行)

이(理)는 절대의 본체이고 사(事)는 상대의 현상이다. 이행(理行)이란, 사람은 본래 부처라고 하는 절대의 위치에서 수행하는 것도 깨닫는 것도 필요로 하지 않는 성품의 세계로 들어가는 수행이고, 사행(事行)은 그 절대성이 임시로 구원된다고 하는 목적을 지향하는 방면으로 나타나는 수행 즉 차별적·상대적 수행을 말한다. 결국 지금 현재 우리는 자성미타를 친견하지 못하므로 아미타불의 명호(즉, 객관)를 빌어 염불하는 것을 사행염불이라 한다.

21 • _ 구계(九界)

10계(十界) 가운데 불계(佛界)를 제외한 나머지 9가지 세계. 즉 지옥계, 아귀계, 축생계, 아수라계, 인간계, 천상계, 성문계, 연각계, 보살계의 9가지 세계.

22 • _ 백거이(白居易, 772~846)

중국 당나라 시대의 유명한 문인으로 자는 낙천(樂天), 호는 취음 선생(醉吟先生), 향산 거사(香山居士)이다. 보편적인 주제에 유려하고 평이한 문체로 문학 영역의 폭을 넓히고 두드러진 개성을 형성했다. 주요 저서에는 『장한가(長恨歌)』, 『비파행(琵琶行)』 등이 있다. 이백(李白), 두보(杜甫), 한유(韓愈)와 더불어 '이두한백(李杜韓白)'으로 병칭된다.

23 • _ 소동파(1036~1101)

중국 북송 때의 문인으로 당송팔대가(唐宋八大家)의 한 사람이다. 미산(眉山: 지금의 四川省)에서 출생하였고 이름은 소식(蘇軾)이며 동파(東坡)는 그의 호이다. 당시(唐詩)가 서정적인 데 대하여 그의 시는 철학적 요소가 짙었고 새로운 시의 경지를 개척하였다. 대표작은 『적벽부(赤壁賦)』이다.

송나라 철종(哲宗) 원우(元祐) 7년의 일이었다. 소동파(蘇東坡)의 동생 소철(蘇轍)이 고안(高安)에 있을 때 동산(洞山) 문(文) 선사와 수성(壽聖) 총(聰) 선사와 같이 지냈다. 어느 날 밤 꿈에 동생이 그 두 스님과 함께 성 밖으로 나가서 오조(五祖) 계(戒) 선사를 영접하는 꿈을 꾸었다. 그런데, 그 이튿날 형인 동파가 왔다. 그 때 소동파의 나이가 49세였는데 계 선사가 돌아가신 지 꼭 50년이 되던 때였다. 50년 전 그의 어머니가 동파를 잉태하였을 때 꿈에 한 쪽 눈이 멀고 몸이 야윈 스님이 찾아와서 자고 가기를 청하였다고 한다. 그 스님의 모습이 오조(五祖) 계(戒) 선사의 모습과 같았다. 동파 자신도 어려서 꿈을 꾸면 스님이 되어서 협우에 있는 것을 자주 보았다. 그런데 계 선사가 바로 협우 사람이었다.

이러한 여러 가지 일로 인하여 소동파가 오조 계 선사의 후신(後身)이라는 것을 모든 사람들이 알게 되었다. 동파도 자신을 계(戒) 화상(和尙)이라고 불렀다. 그리고 동파는 자주 동산(洞山)에게 편지를 해서 "어떻게 하든지 전생과 같이 불법(佛法)을 깨닫게 하여 달라." 하였으나 전생과 같이 되지는 못하고 죽었다.

24 • 정정취(正定聚)

사람의 성질을 세 종류로 나눈 삼정취(三定聚) 가운데 하나이다. 향상하고 진전하여 결정코 성불할 종류를 말한다.

25 • _ 초주(初住)

보살 수행의 52계위 중 십주(十住)의 첫 번째인 발심주(發心住)이다.

26 • _ 고려의 제4대 왕인 광종(光宗, 925~975)

영명연수(永明延壽, 904~975) 선사와 동시대 인물이다. 광종은 법안종(法眼宗)의 제3조(祖)인 영명연수 선사가 지은 『종경록(宗鏡錄)』등의 저서를 보고 크게 감화를 받았다고 한다. 이에 제자의 예를 갖추어 편지와 함께 금란가사(金襴袈裟), 자수정수주(紫水精數珠), 금관(金罐) 등의 선물을 보냈다. 송에 건너가 영명연수 선사의 문하에서 수학한 도봉(道峰), 혜거(慧炬) 등 36명의 승려들이 귀국하여 선정일여(禪淨一如)의 염불선(念佛禪) 가풍이 고려에 도입되었다. 이 가풍은 대각국사의 천태종(天台宗) 개창에도 큰 영향을 미쳤고, 보조국사의 정혜결사(定慧結社)의 성립에도 많은 역할을 하였다.

27 • _ 감산(憨山) 대사

법명은 덕청(德淸, 1546~1623)이고, 감산은 호이다. 중국 명나라의 스님으로 사찰과 도량(道場)의 건립에 힘썼으며 사상적으로는 유·불·선 3교의 융화에 힘썼다. 주요 저서에 『능가경』, 『법화경』, 『원각경』, 『기신론』 등에 대한 해설서가 있다. 운서주굉(雲棲袾宏), 우익지욱(蕅益智旭)과 더불어 3 용상(龍象)으로 일컬어지는 당대의 걸출한 스님이다.

28 • _ 영가(永嘉) 현각(玄覺) 선사(665~713)

당나라 시대의 고승으로 속성은 대(戴)씨이며 절강성(折江省) 온주부(溫州府) 영가현(永嘉玄)에서 태어났다. 어려서 출가하여 고향인 영가현에서 오래 살았기 때문에 영가(永嘉) 대사라 불렸다. 영가 선사는 일찍이 내외 경전에 두루 통달하였으며 처음엔 천태종(天台宗) 계통으로 특히 천태지관(天台止觀)을 깊이 익히고 늘 선관(禪觀)을 닦았다. 온주(溫州)의 개원사(開元寺)에서 수행하였는데 속가의 편모와 누이까지 보살피면서 지냈다. 선사의 사상과 수행에 관한 내용은 그의 저술인 『증도가(證道歌)』와 『영가집(永嘉集)』에서 살펴볼 수 있다. 『증도가』는 선사 자신이 육조 혜능 선사의 문하에서 득법(得法)한 이후 확철대오한 경지를 읊은 것으로 영가 선사의 오도의 경지를 잘 드러내 보이고 있다.

29 • 성암(省庵) 대사(1691~1734)

휘는 실현(實賢)이고, 자는 사제(思齊)이며 성암(省庵)은 호이다. 동진시대에 여산(廬山) 혜원(慧遠) 스님이 동림사에서 연사(蓮社)를 창립한 이후, 연종(蓮宗)의 제9조로 일컬어진다. 강소성 상숙현의 시(時) 씨의 아들로 태어났는데, 대대로 유교를 공부한 집안이었다. 어려서 출가하여 계율을 엄격하게 배웠고, 곧 강원에 들어가 법성(法性)과 법상(法相)의 학문을 연구하였다. "염불하는 자가 누구인가(念佛者是誰)?"라는 화두를 참구하다가 넉 달 후 홀연히 크게 깨달았다. 그리고 나서 3년 간 낮에는 경전을 보고 저녁으로는 염불에 전력하였다. 부처님 열반재일에 48대원을 서원하며 손가락을 태워 공양을 올렸다. 그러자 부처님께서 감응하여 사리에서 밝은 빛을 발하였다. 그 후 항주 선림사에서 정토수행만 하는 연사(蓮社)를 만들어 정토수행에 진력하며 많은 사람을 교화하였다.

30 • _ 아가타(阿伽陀)

산스크리트어 agada를 음사한 말이다. 중생의 병을 널리 제거하는 약으로 그 가치를 헤아릴 수 없다.

31 • _ 배상국(裵相國)

중국 당나라의 관리인 배휴(裵休, 791~870)를 말한다. 상국(相國)은 벼슬 이름이다. 맹주(孟州) 제원(濟源)에서 출생하였고, 자는 공미(公美)이다. 배휴는 학문과 행정 능력을 두루 갖춘 인물로서 독실한 불교신자였다. 특히 선종을 깊이 신봉한 것으로 유명하여 여러 선사들의 어록에 일화를 남겼다. 규봉종밀(圭峰宗密, 780~841)과 황벽희운(黃檗希運, ?~850)에게 사사하여 두 스님의 저작에 서문을 썼고 황벽희운의 법어집인 『전심법요(傳心法要)』를 편찬하였다. 당 무종(武宗)이 일으킨 회창(會昌:841~846)의 폐불사건 때는 속세에 숨어 사는 위앙종의 개조 위산영우(潙山靈祐: 771~853)를 찾아내 위산 동경사(同慶寺)에 모시기도 하였다. 『경덕전등록』 권12에 배휴가 황벽희운을 만나는 일화가 전하는데, 이 일화는 '황벽형의(黃檗形儀)'라는 화두가 되어 『선문염송집(禪門拈頌集)』 등 여러 법문집에 수록되어 있다.

32 • _ 울두람불(鬱頭藍弗)

빨리어 이름인 웃다카 라마풋타(Uddaka Rāmaputta)를 음사한 것이다. 석가모니 부처님께서 출가한 뒤 첫 번째로 알라라 칼라마(ālāra Kalāma)에게 도를 물으며 수행한 뒤, 두 번째로 도를 묻고 수행한 선인이다. 그는 왕사성 가까이에 살면서 700명의 제자를 두었고 비상비비상처정을 닦으라고 권하였다. 또한 그는 비상비비상처정에 들었을 때 다섯 가지 신통[五神通]을 얻어 왕궁에 날아들어 갔는데, 선정에서 깨어나면서 신통력을 잃고 걸어서 돌아왔다고 한다.

33 • _ 도병겁(刀兵劫)

겁의 마지막에 이르러 일어나는 세 가지 재해를 삼재(三災)라고 하는데, 소삼재(小三災)와 대삼재(大三災)로 나뉜다. 소삼재는 흉기로 서로를 살해하는 도병재(刀兵災), 큰 병이 퍼지는 질병재(疾病災), 기근이 일어나는 기근재(饑饉災)로 이루어져 있고, 대삼재는 화재(火災), 수재(水災), 풍재(風災)로 이루어져 있다.

34 • _ 일행삼매(一行三昧)

Ekavyuha Samadhi 또는 일상삼매(一相三昧), 일상장엄삼매(一相莊嚴三昧)라고 한다. 마음을 하나의 행(行)에 고정시켜 닦는 삼매(三昧)를 말한다. 조용한 장소에서 마음을 흩트리지 않고 항상 부처님을 생각하여 떠올리는 염불삼매이다.

35 • _ 선도(善導)화상(613-681) :

중국 당나라 시대의 스님으로 연종의 2대 조사로 추앙받고 있다.

36 • _ 삼륜(三輪)

신륜현통(身輪現通), 구륜설법(口輪說法), 의륜감기(意輪鑒機)의 세 가지 신통력의 바퀴이다. 이것을 신통륜(神通輪), 교계륜(敎誡輪), 기심륜(記心輪)이라고도 한다. 부처님과 보살이 몸으로 신통을 나타내어 바른 믿음을 내게 하고, 뜻으로 상대의 마음을 통찰하며, 입으로 법문을 말하여 중생의 번뇌를 부수어 구제하는 법의 바퀴(輪)를 굴리는 것이다.

37 • 구마라집(鳩摩羅什)

Kumārajīva(343~413) 또는 구마라집(鳩摩羅什), 구마라기바(拘摩羅耆婆)라고 불리며, 줄여서 라집(羅什) 또는 집(什)이라고 한다. 오늘날 중국 신강 지역에 있던 구자(龜玆, Kucha)국 왕의 누이동생 기바(Jīvā)를 어머니로 태어났다. 7세에 출가하여 북인도 계빈(罽賓)국에서 반두달다(槃頭達多)에게 소승불교를 배우고, 소륵(疏勒)국에서는 수리야소마(須梨耶蘇摩)에게 대승불교를 배우고, 구자국에 돌아와서는 비마라차(卑摩羅叉)에게 율을 배웠다. 이때부터 구자국에 있으면서 주로 대승불교를 선포하였다. 383년 진(秦)의 왕 부견(符堅)이 여광(呂光)을 시켜 구자국을 치게 되자, 여광을 따라 중국으로 왔다. 그 뒤 후진(後秦)의 요흥(姚興)이 구마라집을 장안(長安)으로 모셔와 국빈으로 대우하면서, 서명각(西明閣)과 소요원(逍遙園)에서 여러 경전을 번역케 하였다. 『성실론(成實論)』, 『십송률(十誦律)』, 『대품반야경(大品般若經)』, 『묘법연화경(妙法蓮華經)』, 『아미타경(阿彌陀經)』, 『중론(中論)』, 『십주비바사론(十住毘婆沙論)』 등 경율론 74부 380여 권을 번역하였다. 다방면에 힘썼으나 그 가운데에서도 중관(中觀)을 알렸기 때문에 그를 삼론종(三論宗)의 조사(祖師)로 받들었다. 3천명의 제자 가운데 도생(道生), 승조(僧肇), 도융(道融), 승예(僧叡)를 집문(什門)의 4철(哲)이라고 한다. 413년 8월 장안의 대사(大寺)에서 세수 74세로 입적하였다.

38 • _ 보리도차제약론

티베트의 4대 종파 가운데 가장 마지막으로 성립된 겔룩파의 창시자인 쫑카파 대사(1357~1419)의 저술이다. 깨달음을 얻기 위한 수행의 순차에 대해 『보리도차제광론(菩提道次第廣論)』을 먼저 저술하고, 후에 이를 요약해서 쉽게 풀이한 『보리도차제약론(菩提道次第略論)』을 저술하였다.

勤修念佛法門 염불수행을 권하는 법문
염불, 모든 것을 이루는 힘

2008년 7월 21일 초판 1쇄 발행
2025년 7월 31일 초판 16쇄 발행

지은이 원영 굉오 • 편역 각산 정원규
발행인 박상근(至弘) • 편집인 류지호 • 편집이사 양동민
편집 김재호, 양민호, 김소영, 최호승, 정유리, 이란희, 이진우 • 디자인 쿠담디자인
제작 김명환 • 마케팅 김대현, 김대우, 이선호, 류지수 • 관리 윤정안
콘텐츠국 유권준, 김희준
펴낸 곳 불광출판사 (03169) 서울시 종로구 사직로10길 17 인왕빌딩 301호
　　　 대표전화 02) 420-3200 편집부 02) 420-3300 팩시밀리 02) 420-3400
　　　 출판등록 제300-2009-130호(1979. 10. 10.)

ISBN 978-89-7479-549-8 (03220)

값 16,000원

독자의 의견을 기다립니다. www.bulkwang.co.kr
잘못된 책은 구입하신 서점에서 바꾸어 드립니다.
불광출판사는 (주)불광미디어의 단행본 브랜드 입니다.